高山景行：顾随诞辰一百二十周年纪念丛书

赵林涛 主编

师者顾随

赵林涛 马玉娟 编

河北大学出版社

图书在版编目（CIP）数据

师者顾随 / 赵林涛，马玉娟编. -- 保定 : 河北大学出版社，2017.4

（高山景行 : 顾随诞辰一百二十周年纪念丛书 / 赵林涛主编）

ISBN 978-7-5666-1169-7

Ⅰ. ①师… Ⅱ. ①赵… ②马… Ⅲ. ①顾随（1897-1960）—纪念文集 Ⅳ. ①K825.6-53

中国版本图书馆CIP数据核字(2017)第070747号

师者顾随

SHIZHE GUSUI

责任编辑：邓一鸣

装帧设计：赵　谦

责任印制：靳云飞

出版：河北大学出版社（保定市七一东路2666号）

经销：全国新华书店

印制：保定市北方胶印有限公司

开本：1 / 32（148mm × 210mm）

字数：170千字

印张：8.25

版次：2017年4月第1版

印次：2017年4月第1次印刷

书号：ISBN 978-7-5666-1169-7

定价：36.00元

写在卷前

父亲生于1897年2月13日（农历正月十二），今年是他诞辰一百二十周年。

父亲病逝于1960年。随着岁月的流逝，顾随的名字一度消逝于现代教坛、文坛，他的学术形象也渐渐淡出了人们的视野。改革开放的春天到来之后，自20世纪80年代开始，即有《文献》《中国现代社会科学家传略》等数种书刊，刊载了他的长篇传记；随之，他的各种著作与研究专论陆续面世。1990年，父亲忌辰三十周年，在北京举行了第一次纪念活动，主要由父亲在辅仁大学和燕京大学任教时的弟子筹划操办。1997年，父亲诞辰一百周年，由北京师范大学、河北大学、辅仁大学校友会、北京师范大学校友会联合，在北京师范大学举办了纪念大会与纪念展览。2009年，在北京还举办过一次大型顾随诗词学术研讨会。

如今，父亲当年的弟子相继老去，特别是在燕京大学、辅仁大学、中国大学、中法大学等各大学就读的那些弟子，泰半已经作古。然而令人欣慰的是，父亲的著作及今已出版了数十种，研究论文屡见各种报刊，研究专著也时有出现，顾随已从一位“隐藏的大家”走进大众视野，成为公认的国学大师。更为可喜的是，继起的一批年轻学者、作家，正在为传播、弘扬顾随的道德、学术与文章不懈地努力着。

今年是父亲诞辰一百二十周年。河北大学文学院刘金柱院长和从事顾随著作整理、研究的赵林涛商议，筹划在河北大学举办一系列纪念活动。在大家的关心和支持下，《顾随全集》（十卷本）略加修订之后第二次印刷；《河北大学学报》（哲学社会科学版）的纪念专栏业已刊出第一辑；河北大学出版社顾随系列丛书正在紧锣密鼓地编校之中；学校将于今年5月举办顾随诞辰一百二十周年纪念会……

作为献给顾随诞辰一百二十周年的一份厚礼，小赵和他的爱人小马把多年搜集的由顾随友朋、弟子以及后人亲自撰写的各种纪念文字，精心辑成《师者顾随》《学者顾随》和《长者顾随》一套三种图书。这套丛书资料翔实、核校精细，若论它的意义，我想至少可以免去研究者、读者的搜求翻检之劳；至于有助于人们更好地了解顾随的生平、思想，解读他的作品，自不需我于此赘言。

在三种图书即将问世之际，出版社希望我能在书前写几句话，作为顾随的女儿，在这里，我想表达的只有内心深处诚挚的谢忱：感谢我们所处的伟大时代对传统文化的珍视！感谢父亲那些在世以及过世的朋友和弟子！感谢所有为父亲著作的收藏、搜集、整理、出版、研究做出贡献的新老学人！感谢为这次纪念活动辛苦付出的人们！感谢所有喜爱顾随的读者！

顾之京

2017年2月于河北大学

编前絮话

顾随先生是位“出色罕觏的大师”（周汝昌语），也是一位“非常难得的好教师”（叶嘉莹语）。

1920年，先生自北京大学英文系毕业，初在山东青州、济南、青岛等地中学任教；1926年受聘于直隶第一女子师范学校；1929年起执教于燕京大学、北平大学、北京大学、中法大学、中国大学、辅仁大学、北京师范大学等高等学府；1953年赴任天津师范学院（河北大学前身）教授。

顾随先生一生育人无数，贤者如云，弟子沉樱、颜一烟、吴晓铃、周汝昌、叶嘉莹、郭预衡、史树青、吴小如等都是享誉海内外的名师大家。

本书选取顾随先生任教的不同时期、各个学校弟子们的回忆、纪念文章，意在展示师者顾随的讲坛风神和大家风范，冀望能为现今广大教育工作者特别是一线教师，提供学习和借鉴的楷模。

编者

2017年2月

目　　录

直隶第一女子师范学校

燕京大学

北京大学

辅仁大学

中国大学

河北大学

旁听受业

直隶第一女子师范学校

纪念我的启蒙师顾随先生*

——宣传鲁迅的先行者

王振华

顾随先生于1960年9月6日在天津逝世，到现在已经三十年了。听说于9月2日为先生召开了一次纪念会，到会的除河大[①]校、系领导外，大都是顾随先生在燕京大学、北京大学、辅仁大学、中国大学诸校的学生。而在先生青年时代曾教过一批学生，他用鲁迅思想引导她们走上革命之路，这在顾先生历史上是非常光辉的一页。（现在知道的人已很少了）我是当时顾随先生的学生，深受其恩，我有责任把这一段史实写出来。

1926年我十三岁，考入了天津河北（直隶）女师。当时北伐尚未成功，天津是在直系军阀褚玉璞的统治之下。那时学校没有统一课本，褚玉璞下令要学生读四书五经。但是初中三年，顾随先生却教了我们三年鲁迅作品，以及鲁迅所倡导的北欧、东欧（当时还是“弱小民族”，与我国当时国情相似）及日本的文学作品。先生给我们讲过鲁迅小说《狂人日记》《阿Q正传》《孔乙己》《药》《一件小事》《故乡》《兔和猫》《鸭的喜剧》《离婚》等；

---

* 本文系为纪念顾随先生逝世三十周年而作，选自《河北大学学报》1990年第四期，今据手稿核校，略有删节。

① 河大，河北大学。下同。

散文讲过《阿长与〈山海经〉》《二十四孝图》《从百草园到三味书屋》《父亲的病》《藤野先生》《聪明人和傻子和奴才》《立论》等；杂文讲过《随感录》五十六“来了”、五十七“现在的屠杀者”、六十三“与幼者”，《我们现在怎样做父亲》《我之节烈观》《娜拉走后怎样》《未有天才之前》《论雷峰塔的倒掉》《论睁了眼看》《寡妇主义》等篇，还有其他篇章，不及备述。

顾先生讲课，用他那充满感情的抑扬顿挫的声调朗读，这就把学生的注意力完全集中到课文中去，全室鸦雀无声。记得先生讲《伤逝》，读到“那是阿随，它回来了”，满室发出了呜咽。写到这里，虽已过去六十多年，当时先生的音调，同学的呜咽，还都如在目前，使我禁不住滴下泪来。

因讲《娜拉走后怎样》，顾先生介绍给我们读挪威作家易卜生的《娜拉》，内容大约是娜拉原有一个丈夫爱她、有儿有女、温饱“幸福”的家庭，但有一次她丈夫大病住院，没有钱交费，娜拉只好背着父亲在父亲的支票上代签了她父亲的名字，取了钱救了她丈夫。但后来娜拉偷签支票的事被她丈夫知道了，就翻了脸。因为在挪威代人签字是被视为最不道德、违反法律的行为。于是娜拉觉悟了，懂得了丈夫不过拿她当个傀儡，并不是个真爱她的人，终于弃家出走了。鲁迅先生指出，娜拉走后怎样？有两条路：不是回来，就是堕落为妓。因为当时社会上是没有妇女的立足之地的。

在《伤逝》里，涓生和子君相爱，子君勇敢地冲出了封建家庭，与涓生结合，建立了相爱的小家庭，而此后子君是在家做家务，养小鸡小狗，二人靠涓生当小职员那点微薄的工资过日子；

但这种自由恋爱结合的小家庭，是不能容于当时中国的封建社会的，周围的人对他们的叽叽喳喳，终于敲掉了涓生那个可怜的小饭碗；生活没有了来源，杀吃了小鸡，抛弃了小狗阿随，最后子君也终于只能回到她那封建家庭中去，不久就死掉了。

在我们这些还未入世的十几岁的少女面前，顾随先生用鲁迅思想给我们指明了前路：子君的路不能走！娜拉的路也不能走！妇女如想在社会上立足，就必须先求得在经济上的独立！

对于外国作家作品，除了易卜生的作品外，北欧、东欧作家作品我已记不清了，而日本作家有：武者小路实笃、芥川龙之介、有岛武郎等。尤其是有岛武郎的《与幼者》，因鲁迅著作中有介绍，此文对我们影响特别大，印象深。有岛夫人肺病去世，留下几个孩子，这篇作品大约就是此时有岛写给儿女们的，有岛对幼小者说："你们若不是毫不客气地拿我做一个踏脚，超越了我，向着高的远的地方进去，那便是错的。"我们深深理解了这话的含义。还有一篇《大心》，却记不得是哪位作家的作品了，写一位护士的博大爱人的胸怀，也是对我们有很大教育意义的。此外，《出了象牙之塔》《走向十字街头》也是这时顾先生介绍给我们的。

此外，对世界各国名著，如莎士比亚的《哈姆雷特》，雨果、莫泊桑、契克夫、安徒生等名家作品，也介绍给我们，以扩大我们的视野。

顾先生给我们发讲义，每学期都有五六寸、七八寸高的一大叠。我们那时最欢迎的是这些讲义。发的讲义，有的顾先生讲，有的让我们自己看。对于学生作文，顾先生不只是限于课堂上出题，还由我们在课外随便写，写了随时交，老师随时改。写得好的，先生就推荐给孔若君先生（校刊编辑），在校刊上发表。还记得我写了一篇文章，先生取我的文意，代我填了一首词：

独来独往，遣却闲纷攘。忘落寞，无惆怅。灯摇光满地，天远星如网。风已住，时时暗觉心弦响。　不是人间象，犹做人间想。留不住，消还长。悠悠流水去，袅袅炊烟上。千万劫，碧天路渺人间广。

我自己那不成熟的小文章，早已全忘了，但先生代我写的这首词，到今天我仍记得很熟。

顾先生提到“鲁迅”，总是称为“鲁迅先生”，从无一次例外：由此看出顾先生对鲁迅先生的敬爱。无形中也教育了我们这些“幼小者”，知道尊敬长者。

在那黑云压城的军阀统治时代，顾先生敢于给学生讲鲁迅作品，一讲三年，这是何等的胆识！

教完我们三年，顾先生就去燕京大学教课，此后都是教大学。到我入北京师大读书，选了孙蜀承先生的“汉魏六朝诗”。那时，在大学中孙先生教“诗”，顾先生教“词”，俞平伯先生教“曲”，已是三人齐名的教授！

由于顾先生引路，指引我们读鲁迅作品，启发了我们对社会的关注，教育我们人生的路应该怎样走。我们由读鲁迅作品，进而读苏联四大名著《毁灭》《铁流》《一周间》《士敏土》，高尔基的《母亲》，曹靖华先生译的《烟袋》《第四十一个》《平凡东西的故事》等（这些后来曹先生都收入《七人集》）。由小说进而读社会科学书籍：《史的一元论》《资本论》《反杜林论》等。后来参加了1935年的“一二·九”“一二一六”运动，从此踏上了革命的道路。

1942年至1946年，我在云南昆明的昆华女中教书，对两班学生由初二到高二，教了四年鲁迅。学生们一半可写漂亮的小文章，一半人也文字清通。这些学生中不少人后来都参加了革命，现在已是离休干部了。现在许多学生还和我保持联系，他们都是顾先生的再传弟子了。

抗战时期我在昆明，总很惦念顾先生，他一群孩子，很难逃出沦陷区。但我有一个信念：顾随先生绝不会做文化汉奸。后来得到消息，说他在天主教会的辅仁大学教书，不肯在日本掌握的伪大学教课，连他的孩子们也不许上敌伪学校。

1949年北平和平解放，当时我在老解放区正定华北大学教育教研室任研究员，奉学校命于1949年3月和谢滔同志先进北平给华大招新生。我抽暇去看顾先生，他已病了很久。1949年7月我被调到天津去工作。后来听人说因他病久，辅仁已不能发他的原工资，贫病交加，靠卖书度日。① 我当即写信给在教育部工作的李何林②，请他向教育部党组书记兼副部长钱俊瑞同志反映，经钱俊瑞同志批示，此后顾先生工资由教育部直接发给。1953年初听到消息说顾先生病好了。当时我们接管的教会津沽大学，已改为天津师范学院，我任中文系主任，院长温宗祺是顾先生在北大的学生，副院长杨思慎是顾先生的燕大学生，我们中文系教师杨

---

① 实为变卖妻子的陪嫁首饰度日。

② 李何林，顾随早年好友，王振华的丈夫。

敏如也是顾先生燕大弟子。我们一商量，想请顾随先生来我校任教，大家都同意（因当时还没有统一调用的制度）。于是特请敏如同志去一趟北京，去征求顾随先生意见，先生慨然应允，我们赶紧帮先生一家搬来天津。当时天津师院只有物理系马沣教授是二级教授，我们中文系也请来了顾随先生这位二级教授。

当时先生在天津师院上课，有时身体仍不好。1960 年病重了，有一次我去看他，他说：“振华，我好多了，可以走几步了，我走几步给你看。”他下床真走了几步，哪知这竟是我们师生最后的一面！我家住在南开大学，那一天刚到学校，就听到了先生已去世的不幸消息。

河北大学对顾先生很重视，后事办得很隆重。最近见到三师妹顾之惠，她说已在北京买了墓地，将二老骨灰从天津和保定迎来，已合葬。

顾先生，您安息吧！

我的老师顾随先生*

曾中嫚

坐落在天津天纬路的一所河北（原为直隶）省立第一女子师范学校，1929年扩展为女子师范学院。我就是在这个学校从附小考入师范部又考入学院英文系的一名毕业生。

1926年，我考上女师。教我国文的老师是顾随先生。他给青少年带来了文学思想上的初步转变。同学们不只读了古典文学作品如《诗经》的“关关雎鸠，在河之洲……”，还读了鲁迅的许多作品如《呐喊》《彷徨》等。

铃声响了。顾先生慢慢走上讲台。他的个子很高，苍白的面孔，上唇留着黑胡须，说话时声音带点嘶哑，有时讲课前总是一只手捂着脖颈干干地咳嗽几声。有时他先不讲课，转过身去便在黑板上抄录起词来，我们一声不响地在笔记本上抄下他抄录的词，如李清照的“寻寻觅觅冷冷清清凄凄惨惨戚戚……”；还有他自己填的词，如“仆仆风尘何所有，遍体鳞伤，直把心伤透……”，后来，他出版了《无病词》《味辛词》等书。每当写完他自己填的词，总是看着学生们说：“昨夜失眠，夜深人静，填了一首词……”我们太幼小，不能体会他的词的内容和思想感情。他的词空虚伤感，

* 节自《我的几位老师》一文，原载《智慧之泉——“我的老师”征文选》（教育科学出版社1986年1月出版），题目为编者所加。

但又慷慨悲愤，有时还带着诙谐讽刺的情调，只有极少数同学能较深刻地理解。他有较高的文学修养，他认为鲁迅的作品笔锋锐利。

顾随先生的教学思想激发了我们对旧社会腐朽落后的痛恨感情。

先生创作了一篇中篇小说《阿末的死》，描写一个穷孩子的悲惨遭遇。当他念这故事时，我们都含泪静静地把故事听完。

先生鼓励我们阅读翻译过来的苏联小说。我们都抢着去图书馆借。他讲了俄国作家丹钦柯的《大心》，还介绍了日本作家厨川白村的《出了象牙之塔》、小泉八云的《怪谈》等。我们开始从外国尤其是苏联的文学作品中吸收新的营养，受到了文学新的感染。我们经常品味着俄国沙皇时代革命的气息和贫苦人们的不幸。课外读物中我们还读了《七个被绞死的人》。

顾随先生教学民主。课堂气氛是静穆的，又时时发出学生们的积极提问声、议论声和笑声。他非常喜欢这班学生。有一次出了个作文题《K先生》（后来知道他的英文也很好），一个高才生描绘了他的形象、性格和教学特点，用词幽默，描写生动，他满意地笑着在课堂上郑重地朗读了这篇作文。

他批改作文细致认真，圈圈点点，有眉批，有总评，从思想内容到写作技巧都要提到。而且他写得一手好字。

后来，燕京大学聘请他去教书。爱戴他的学生们整整吵嚷了一堂课。有人说："教大学了，不管我们了……"一些人齐声说："就是不让老师走……"他苦笑了，脸上的皱纹似乎特别明显起来。是的，顾先生对这班学生已经产生了较深的感情，但终于悄悄地离开了女师。

顾先生在祖国的苦难中度过了大半生。他在教课、研究学问、著述、培养青年中献出了全部精力和心血。抗日战争胜利后，当他仍陷于失望和苦恼中的时候，党的地下组织默默地从政治上经济上关怀他。解放了，他的精神焕发了，更加倍地努力工作，著述。

1960 年，他病危时，怀着对党的深厚感情对女儿说："我的入党申请提得太晚了，你们不要学我。"他于 1960 年 9 月 6 日下午离开了人间。

燕京大学

永久的纪念*

——纪念先师顾随先生

杨敏如

顾随先生离开人世已三十年了，但至今仍留给他的弟子们以深切的悲痛和永久的怀念。

1935 年，我在燕京大学中文系读二年级时，开始选修先生的“唐宋词选”课。先生的课在当时的燕大是出了名的“叫座”，而我对先生的课简直是着了迷。先生拖着病躯，夹着布包，缓步走进课室，以一双睿智而明锐的眼睛望望我们，亲切地对我们笑笑，就以略带河北家乡口音的低哑声调开讲了。先生开讲，不依程式，可以千种万端的“起兴”，引人入胜。凡书本上查得到的，作者小传、历史背景之类，他不肯在这些上面费工夫的；逐字逐句把词曲依法讲解，掰开揉碎，他也是不为的。为什么？他尊重学生的自学能力，也不愿意把自己的观点强加于人。他讲出作者写词的感受，自己读词的感受；或铿锵朗读，或会心微笑，一片神行，把我们带进意境。从词境联系到人境；从文心联系到人心，屈原、陶潜、杜甫、王国维、莎翁、但丁、安德烈也夫、普罗米修斯；释迦的人世哲理，鲁迅式的自我剖析……讲得是兴会淋漓，天花

* 本文系为纪念顾随先生逝世三十周年而作，选自纪念会后所编之《顾随先生纪念文集》。

乱坠，旁通博引，顽石点头，我们被先生带入宇宙、人生、古今文化的幻景中，时而如醉如痴，时而憬然有省，时而意气飞扬，时而欣然有得。人说先生的课幽默隽永，不错！但其中颇有人间苦涩味。人说先生的课是艺术享受，诚然！但我受教的不仅是文化知识。那时我二十一岁，人比年岁还幼稚。在课堂上舍不得低下头来记笔记，一下了课就跑到图书馆，借出先生的词集讽诵，两年光景，我从先生学到严肃而认真、热烈而执着的人生态度，奉献自我与负荷苦难的人生理想。应该说先生是我的心师。在以后四十几年的教学生涯里，我就是这样努力把整个的心灵呈献于学生面前的。为了教好书，我要求自己对所教的书有自己的真切感受；为了教好学生，我勉励自己先做到又红又专。我当然并没有做好，因为我缺少先生的高尚情操和丰厚学识；不过先生使我懂得教书是神圣职业，教人须无私及忠诚。

七七事变后我再回燕京，仍旧上顾先生的课（先生的课是不会重复的）。系主任郭绍虞师令各课加习作。我于是从先生学作词。第一次作的《十六字令》，先生向系主任夸奖了我。我受到意想不到的鼓励，从此每周必交作业，因而得到先生的精心批改和指点。沦陷后的北京是灰色的，人们蒙着亡国的耻辱，带着沉重的心情上课。燕园是红蕤覆窗，黄叶遍地；课堂是“和泪拭严妆，落梅飞晓霜”。苦水先生更加憔悴了。他以比兴寄托的手法把他的忧国情怀传达给我们。我们也自能心有灵犀一点通。先生写自制新词“嫌它新月似眉弯”，我便把那时的词作题为“月弯环词”以志山河破碎之痛。先生写“春风何日得重还，好将双翠袖，倚竹耐天寒”；我也学着写“相期相望，重山重水，渐行渐时远”“赚得梦魂识路，秋来更说移军”，得先生密密加圈。1939 年冬天，我决定悄悄离开燕园，到大后方去。老师中除郭师外，我只到了城内弓弦胡同①顾先生家辞别。先生现出少有的兴奋和喜色，说年轻人都应该走，并把案上才刚写就的一首《临江仙》赠我。我读到末二句“一双金屈戌，十二玉阑干”，几乎滴下泪来。

这里想岔开一笔，提到使我一生受益的两件事。先生在燕京教课，学生四五十人，每周少说也有四五十首的词作要改。先生患坐骨神经痛，且又神经衰弱，睡眠不好。但他批改作业，极认真，极仔细，从不拖延，无一首无评语，无一评语雷同。我一生教学，也需批改作业，有时不免怠懒、草率，一想到先生，便深自谴责，重新振作。另一件事，我曾跟先生做毕业论文《韦庄及其词》。先生对我的论文，从未加以赞美，还给我一个低分，使我愧悚无地，沮丧万分。以后我才渐渐明白：先生不喜欢学生只会承袭他的观点，而缺少自己的创见的。先生说：“诚如是，苦水将置学人于何地，学人又将何以自处乎？”（《东坡词说》前言）在以后的教学实践中，我常以此自戒，勉力学习先生的启发式教育和谦逊民主的学者风度。

抗战期间，我在重庆南开中学教书，有意无意地模仿着先生。胜利后，我曾在报上见到一则在北京清贫自守的爱国知名学者的名单，先生名字，赫然在眼。1947 年，我复员天津；先生在北京，无缘相见。1952 年，我在天津师院中文系教苏联文学，新来的系主任王振华也是先生弟子。她对我讲了先生的近况，并派我到北京劝驾，请他到天津师院教书。十多年来我第一次重见先生，

① 顾随当时所居牛排子胡同在弓弦胡同内。

心里高兴极了。没料到先生精神那么焕发，真个是“大病初愈”（双关）了。他盛赞毛主席，大谈辩证法；一面拿才露面讲演“杜甫”的文稿给我看，一面在写新词“帝国主义纸老虎……”。先生对我说：“我不想去研究所，我还是要教书。”不几天，先生慨然允诺到天津去，准备把他的心血、精神奉献给社会主义新的一代。

我把先生请到天津，半年后我却调至北京。提起先生给我的几封书札，我就心酸欲泣。我明知道先生适应新的教学思想和方式是相当困难的，而身体又一直不大好，但在信上总是对我规劝，鼓舞逗趣，从没有半句牢骚话和半点低沉心情的流露。先生对祖国及人民的爱是何等的博大，立场是何等坚定。我后来听说在运动中，学生给先生贴了半屋子的大字报，不禁暗暗叫苦，这叫先生怎么承受得住啊！1960 年 9 月，先生溘然长逝，从此幽冥相隔，再无相见之日了。

先生是真正的教育家，爱国爱民的知识分子，桃李不言，下自成蹊。不要说驰名中外的学人叶嘉莹学妹与周汝昌学兄等自能继承先生的衣钵，朽木如我，也仍自奋未已呢。先生，安息吧！

1990 年 10 月 12 日于北京

我与恩师顾随先生的“缘”*

杨敏如

各位学者，各位朋友，我是一个退休的人了，可是我的心还没有老，我的岁数太大了，我已经九十三岁了。吃得下，睡得着，昨晚没睡好，因为好久没有当着大家伙儿的面说话了，所以有点兴奋，也害怕很多的大师见到以后，我实在是自惭形秽。可是今天大师们都来不了，1990 年开会，顾先生的学生黄宗江给起了个名叫“顾学”，今天黄宗江也不来了，我也有一点遗憾。

我今天看到这个会，真是由衷地高兴。我先说一个使大家大吃一惊的事情，我跟顾先生有缘，你们都喜欢说恩师，现在有许多人叫我恩师，你们才不知道顾先生对我是何等的恩师，慢慢听我道来：

我先说八十年前，我十二三岁的时候，念初中，我在天津一个教会学校，叫中西女中，我在中西女中念了十二年，从初小一年级一直念到高三。初二的时候念一种课叫几何，老师是一个男青年，在我们那个学校不是外国人教书就是女老师多，男老师很少。这个男青年老师他教我几何，我不懂什么叫几何，考试的时候，先画图，然后写“已知”“求证”，这就该“证”了，这角等

* 本文系据作者在顾随诗词学术研讨会（2009 年 11 月 7 日 · 北京）上的发言录音整理，题目为编者所加。

于那角，那角等于那角，所以这个角就等于那角，这就是最动脑子的地方，是我最不会的地方。但是我这个老师说过，考试我只要写得整齐，图画得好，已知、求证都有了，就有及格分。所以已知也写了，求证也好了，图也画好了，我就打住了，就看老师干吗。这个老师棒极了，看样子就是二十多岁，他在黑板上写上题目以后，就拿着粉笔在黑板那儿画画儿，画兰花、画树，都好极了，我就仔细看，他还写了这么几句，叫“少岁吟诗，中岁填词。把牢骚、徒作谈资。镇常自语，待得何时。可唤愁来，鞭愁死，葬愁尸”，我说这叫什么呢，那时我没见过词，背过《唐诗三百首》，也背过《诗经》，家里有教我哥哥的老师，我跟着念过，但是我没有见过长短句。我也不好好做几何，反正也不会。我就仔细看了几何老师写的这几句，就会了，到现在不忘，脑子里就是这几句，我喜欢“可唤愁来，鞭愁死，葬愁尸”，我当时不懂愁，我觉得愁都是具体的，把它“唤”来，而且“鞭”死，而且很顺溜。长短句，我觉得这一定是这个老师做的，这个老师太棒了，我就在欢喜赞叹中交卷了，底下就没有写，刚及格。一直到十几年后，我中学毕业，考燕京大学，我想考什么系呢，就考一个国文系。文学院的院长说你家里有私塾吗，我说没有。他说你是中西毕业的，你知道在大学里头念国文系，可不是白话文，我心里想那有什么关系，文言文难道我没看过很多吗。因为我家里没有爸爸，我爸爸在我三岁的时候就死了，我什么书都看过，我和我哥哥我们都自学。我们家是书香门第，就是我们自己造了一个书香门第，没有书柜，我们自己买书看，我看的书也挺多。我说文言文有什么稀奇，我知道大学没有白话，这个人怎么这么说话呢。后来这个人很快就走了，因为证明他的文凭是假的，就走了。我进了国文系，进了国文系第一年，国文系的主任郭绍虞教我大学国文，外语系的主任教我大一英文。我英文得了九分，九分就相当高了；国文先生只给我七分，因为那个老师郭绍虞先生的苏州话我听不懂。

我们在学校里一年级念完到二年级，可以转系，我就跟系主任说，我要转系。他说为什么。我说因为我英文得九分，我国文才得七分，我还是英文比国文强，我干脆念外语系吧。他说那你进来的时候为什么不念外语系。我说我进来的时候我觉得我一个中国人怎么会外语还比中文好，应该中文比英文好才对，我为了这个就念了国文系。他说这个思想没有了吗。我说还有。他说还有就不许你转，你那个思想是对的，你就应该念国文。郭先生很会说话，对我好极了。而且他说我告诉你，中文系很少像你这样英文好的，我们要一个，你不许走，我们学校可以主修什么，副修什么，只要你把这两系的主要课修完了，你将来毕业出去，也可以教中文，也可以教英文。就这样我就学下来。

到了二年级，不得了了，顾先生的词课，我们燕京大学选课的时候自己写，都往中文系跑，因为中文系有个单子在那儿摆着，凡听顾随先生课的限四十人，那屋子里四十人就不少了，结果大家就抢，骑车的、跑路的往这儿来，赶快签名，慢了就签不上。当然我是中文系，我老早就写上了，顾先生的教课在北京很有名的。当时在清华大学是俞平伯先生讲诗词，北大是孙人和先生，每位的弟子都说我的老师好，当然我也不例外。顾先生的课讲得多么好，我也就不说了，大家都知道，我就跟着迷了一样。顾先生讲课有时候就像王国维说的一样，就进了“无我之境”。怎么是“无我之境”？就是顾先生讲着讲着，就迷醉在作品里了；学生一听，也都迷醉在作品里头：我们大家都迷在作品里头，这是“无我之境”——没有先生学生了，就是我们大家伙儿一样，都融为一体了。可也是“有我之境”，因为就看见顾先生本人的形象在你面前。我说这个话是我自己深深的体会。

听顾先生的课，四十个人满了不说，那些外系的学生都到别处找一个椅子来，把边上都坐满了，这是聪明的；再慢一点的人，就没有地方搁椅子了，就搁在过道上，那门永远是开着的，不能关。顾先生一个礼拜讲一次课，就这么迷人，大家也不知道为什么，不知道其所以然，大家就是迷上这个课了，就是喜欢得不得了。我当然也是很迷的，于是我就跑到系里头、图书馆里头去找他的词集，找到一本叫《无病词》，结果就翻，一下子就看见我会背的那半首是他作的，我这缘可大了，而且我找到了，我不知道多高兴。我一算顾先生那时候才刚三十岁，很年轻的时候，大概在天津教中学，或者是怎么样，写的“三十初度”，他“三十初度”，是 1926 年。总而言之，我才十几岁看到那首词就是顾先生的词。第一次读《无病词》，我觉得有很多特色，觉得没有那么多典故，不像古代人的词，就像现代人的词，都是写自己的愁苦、悲哀，而这个悲哀很多都是写到国家，顾先生一定是一个非常爱国的人。我找到了我所熟悉的那首词，是《行香子》，写得很好，写到自己怎么累，说自己胡须有点白了，头发也有点白了，我不大会背了，意思就是有谁知道上起课来是怎么样的历尽深思，累极了，当老师很辛苦，就这么点印象，别的也没有。我就觉得这个词是给我们当代人作的，跟古人的词不一样，说自己心里的话很真实，很有感情，是教书的老师。所以我就初步认识了顾先生，我就非常崇拜他。别的人崇拜，我也崇拜。我后来看到叶嘉莹先生还有一些讲义、笔记，我才惭愧了，上课我连表都不敢看，我怕看表一会儿就过完了，我就两个眼睛瞪着他，他也累，我也累，但不觉得累，就觉得是最高的享受，一种精神上的享受。一个人把自己的内心都交给你，你想想我们小孩二十来岁，“为赋新词强说愁”，也不懂什么叫愁，他把这些东西都教给你，是平等的，不是“教不严，师之惰”那种很庄严的，没有那个劲。他就像跟你聊天一样，就说这首词，让你也爱这个词，也爱这个人。这个人的心血都交给了你。

而且特别使我感动的是我还没有念完，平津就沦陷了，我在天津待了半年没去，过了半年，学校说我们开学了，你们来吧。我回去了，还是原来的学校，还是未名湖，还是那么好看，可是都苍老了，老师也老了，才半年不见，老师就老了。顾先生一直身体不好，到了冬天的时候，他到我们这儿来上课，他得过西直门，拿出“良民证”要搜身，经过这些屈辱，才到我们那儿去，这样的一个老先生，从中间的休息室楼梯下来，大风天进到课堂里，课堂里鸦雀无声，脱下皮袍子，他带着一个椅垫子，因为他坐骨神经疼，然后把书拿出来，用那样哑的声音跟我们谈话，说的话都是双关。我们那时候在燕京的生活，好多外人不知道，说是桃红柳绿，醉生梦死，这些人还讲词呢。我们讲的是词吗？我们老师讲的是词吗？我们老师讲的是他的心，讲的真难过。我们都说双关语。听顾先生课的人更多了，学生们更严肃，学生们更爱听了。我们作的词，老师把我们的卷子都改了、批了，搁在讲桌上。我就坐在第一排，因为他老夸我，在我们交的词里面他也说我好，问我作没作过词，我说没作过，我读过唐诗，我会背唐诗，可是我没敢作过，我一首都没有作过；我家里有一个哥哥是比较天才的，那个老师就顾他了，他们两个人一唱一和，没我的事，认为女孩子背几首唐诗可以了，我也没要求作，我也不懂。那时候我有一个男朋友了，他送我一个《纳兰词》，我就会读纳兰词，老师不知道，老师给我的批语说，你作的词有纳兰的味，我那个美呀，我说他怎么知道我有《纳兰词》。我美得不得了。

我也学老师，作什么词最后总有一个光明的尾巴，总有乐观的地方。因为我看老师的词多么愁苦，总是有一个希望在前，我就学这个。我也没有什么典故，我看老师都没有典故，我就如释重负，因为没有学问，也没有典故，就是写我自己。我那时候也有一点点恋爱，当然老师不知道。我不敢跟老师说话，我一说就不好意思，我跟老师没话，我从来不会跟他说点私事的话，没有。这件事我没告诉他，我十二岁就看见他的词，我也不敢说，不敢随便说。但是我崇拜他崇拜得要命，就是希望到礼拜四，一到礼拜四，就有顾先生的课。同学都逗我，说今天对杨敏如说什么她都是快乐的，因为她要听顾先生课了。老师就那么让人着迷。

但是后来我就不一样了。燕京是教会学校，真理就是信基督教。我们神学院的院长也会中文，他给我们讲杜甫与宗教。杜甫我是跟神学院老师学的，我这个词儿用得不好，就叫“玻璃神”，这个人也跟我说话。后来我就离开了基督教，我不再信基督教了，我要上内地去了。我就琢磨着上内地，可是没有机会去，我不能自己去，我的家庭环境只能我跟我母亲一块去，在那种苦难的环境下不能，得找机会。后来毕业了，郭绍虞先生就像一个老爸爸一样，他知道我不会做汉奸的事，他说你考研究生，我说我没有学问怎么考研究生。他说我叫你考你就考得上，我连这个也不懂。我也没敢回家，就在那念书，后来还真考上了。后来有一个人在燕京的报纸上看到我作的词了，就说你们谁把这个杨敏如叫来。我一见他，他叫张尔田，是很有名的人物，他说他不教书，他住在他弟弟家，他弟弟叫张东荪，也是我们的哲学教授。我见到他以后，他第一先夸我的门第，这也是我不爱听的；第二，就说不要跟顾先生学词了，越学越坏，你跟我学周邦彦，你把他的词好好读会了，读会了我们俩来讨论，你走吧。他俨然就是我的导师了。

后来顾先生跟我说，你愿意跟他学也行，不愿意跟他学也行，你有你的自由；不过我告诉你，你还是顾派，你愿意跟张先生学，我不反对，你还是顾派，但是你去淘换淘换他的那点本事也不坏，人总要“博”，你不能说他的那一派你一点都不听。顾先生就这么教我，可是我都不言语。等我寒假有机会了，我就要上内地了，先向郭绍虞辞行，我说我走了，他赞成我走。我就把这个学校都逛了一遍，我去过的地方，我作词的地方，我玩的地方，都看了一遍，然后就到顾先生家去。大着胆，没去过顾先生家，弓弦胡同里边，问好了就去。连我作论文时都没敢跟顾先生说话，他对我的论文不置可否，给我一个坏分“B”，我都没敢问为什么，结果我自己后来悟到了，我说的就是顾先生说的，他怎么给你好分？你没有自己的见解，你还叫人给你好分啊？从此以后，我不敢提我的论文，我更不敢看他。这次我下决心去了。去了之后，他还没想到。他在屋子里写字，我第一次到顾先生家，好像也看到一些师妹，都不认识，也没见到师母。后来我跟他讲我怎么想的，为什么不做基督徒了，为什么走，甚至我有男朋友，到延安了，都告诉他了。我自己也不知道为什么愿意告诉这个人，我觉得我跟顾先生不陌生，我知道他，他也知道我；我看过他的作品，他看过我写的词，而且都说过、都评过。我看他写的字，最后的两句是“一双金屈戍，十二玉阑干”，都流泪了，是写他的感慨。我说顾先生这首词给我吧，我说你还能送我一本书吗。他说我的书都没有了，我这有一本皮上写的是给我女儿的，你拿去吧，做纪念吧。他快乐极了，就一直说，你去得好，你走得好，能走的都走，走吧，走吧。最后离开顾先生家的时候，还给我一个感觉，就是我们抗战胜利后就再见。我说顾先生请留步吧，他一直送我到外头，是在课堂上没有的那种兴奋；我也满怀着顾先生的一句词——“佳期纵后是佳期”（抗战胜利是佳期，一定会来到的），与先生分别了。这一分别就十几年。

这十几年，我在内地的南开中学从教英文到教国文，教国文我脑子里想的都是顾先生，我也没有总结什么，我就照着顾先生的意思讲，我觉得我做不到像顾先生那样，完全燃烧自己，但是我也全心全意教。没有人告诉我怎么教，注释是头一步的事，暑假就把它都弄好，别说白字，注释都写得很清楚。但是你不能够依注讲解，连《牡丹亭》的杜小姐都不肯依注讲解，讲那个有什么意思，要讲自己的体会。我很努力地备课，多多少少学到点顾先生的皮毛，已经被学生欢迎得不得了。学生到现在我们还来往，我九十多岁，他们都八十岁上下了，也有已经走了的，他们老爱说“一日为师终身为母”。我说别说这话，多难听，怎么“终身为母”啊，我能跟你母亲比啊，我说我们别说这个，古代的话有的对，有的就不对，“天下无不是的父母”，那话对吗？“各人自扫门前雪，休管他人瓦上霜”，这个也不对。不对的别学，对的才学，别老叫我“恩师”“恩师”的。

我现在有一拨朋友都是八十多岁的人，就是当年南开中学的学生，他们都做了专家了，做了院士了，他们的孩子说，你还会背《九歌》呀？你怎么会背《九歌》？你哪儿学来的？他们回答我们学校有个杨老师教我背的，我都会。南开中学对国文也是很重视的，学理科的也有我的学生。多多少少学了点教书的本领，这也是跟顾先生学的。

我回到北方以后第一件事就是要看望在沦陷区受过磨难后来又大病一场的顾先生。我在天津教书，没有机会来，一直到了20世纪50年代，我才看到顾先生。第一次跟同学来，来了忽然说顾先生不在家，看到好几个师妹，我也不认识，她们说顾先生回到北大玩去了，我们就知道顾先生是身体好了，好了才能到北大玩去，虽然没见，也放心了，再有机会再来吧，我又回天津了。

后来我在天津师院，就是顾之京现在做教授的这个地方，我是老师，我的系主任是王振华，她派我代表天津师院去北京请顾先生到天津来。王振华在中学时代受了顾先生课的影响，听鲁迅的东西，她一辈子跟她先生李何林都是研究鲁迅的。而且李何林在1949年帮了顾先生一个大忙，那时顾先生在辅仁大学，他病了，不能上课，李何林跟教育部说，你们知道不知道这个人有病了？怎么还要扣人家的钱？这种教会学校留下来的坏毛病，怎么能坚持呢？对顾先生怎么能减他的工资呢？他有家累，还有病，怎么能这样对他？这样教育部才恍然大悟，给顾先生把钱补上。顾先生跟王振华和李何林是好朋友。这次到北京，见到顾先生，他给我看了信，说他的同学、好朋友冯至给他一个工作，到社会科学院研究古典文学去；还说他已经和冯至一起讲了一次杜甫了，又把讲稿给我看。我看了心里打鼓，说王振华叫我来请顾先生的，到天津来，这么好的有学问的老师到天津来了，房子有房子，工资有工资，你来吧。现在我来了，知道顾先生要到社会科学院去了。可顾先生他说不，你等着，我告诉你，我不能没有学生，我不去做研究工作，天天看不见学生；我得看年轻人，不能没有学生。我当时很感动，我就脱口而出，我说先生，我才教了几年书，就认为教书是最好最好的职业了，我也不能没有学生。不是说教书给自己多高的工资，我们在抗战期间，教书的钱最少最少，银行的钱多极了，可是我愿意苦一点，愿意教书，因为跟学生一块长进。因为有年轻人，你从来不觉得自己老，而且总觉得你的学问不够，你拿什么教人家，就得用心。于是你也用心，他也用心，两方面相学相长，我说这种生活可好了。我说老师你不能离开学生，我也不能离开学生。他说你容我几天，我要开家庭会议，因为我没有家里人帮助我，我一个人不能生活，所以你等着我。我过了几天又去了，他高兴极了，他真就答应了，我居然完成了我的任务，回去了，兴高采烈地。顾先生到天津后，我把先生迎到我们家，他第一次看见我的老头，还开玩笑，当然他不记得他的名字，就说“student in law”——这完全比照“mather in law”

（婆母）而来的。

我经过这些年的教学，我也得到先生教给我的怎么样当一个教师，怎么样把自己全部的心血、品格、学识、修养都献给学生这些经验。当年我看见顾先生我常常就难过，因为他就在燃烧着自己，为了学生们，他什么都肯干，他平易近人，学生在讲课当中就认识了他。越是在他困难时期，沦陷期间，他老自己检查自己，我是一个什么人，我是一个弱者。我们看顾先生你是一个爱国者，怎么是弱者呢？他老是学鲁迅这点，还学鲁迅的“俯首甘为孺子牛”。那要是改个卷子、改个本子，你有什么问题问他，他都是俯首甘为孺子牛，这点学鲁迅太像了。他讲周氏兄弟，后来不讲周氏兄弟，专讲鲁迅。

顾先生教了我，不能说顾先生没教，我学到先生怎么样做教师，怎么叫做教师。现在的教书常常是什么样子呢？就是把书本上的东西拿来教给学生，那行吗？连孔子都看不上，孔子说“温故而知新，可以为师矣”，你把旧的东西变成自己的东西，有自己的见解，你教学生学到在哪个书上都找不到的东西，要不然他就看书去了，用不着你了，这样子才叫“为人师”。所以我觉得我从顾先生那里学到如何做一个老师，如何把自己的全部心血、品格、学识、修养都献给学生。这就是我的志向，我一辈子的志向。现在我九十多岁了，比哪个人都有福气。我们赶上“文革”以后的这些年，我在师大，一个钟敬文，一个启功，一个我，活得最长。启功说，我们“省电”，别没事就聊天，快点写东西，多多看，多多教学生。启功都变了，本来是个很随和的人，后来是很严肃的，说咱们“省电”了，别说话了，别玩了，别喝酒了，咱们自己都有病，赶快做事吧。后来启功叫自己是“暴发户”，我就不能做“暴发户”了，人家出十本、二十本书，我才出了两本书，还费尽心力，千辛万苦，就不要提了，那是自己没出息。但是你碰到学生就得好好教，一直到现在。我九十一岁入党，所以有组织了。有了组织以后，领导上说你不要教书了，我就不教书了，要不然还教书，我也没办法。现在有时候领导的命令我也受不了，我最怕领导跟我说，你把你的老头照顾好，这就是你的任务。我干吗呀，我当然要把他照顾好，可是我难道就是照顾老头的吗？我不也是一个人吗？人说你这种女权主义思想也要不得，我说什么女权思想，我做一个人，我要学顾先生，我要教书，就现在又偷偷教了十来个学生。为什么不许我教人，你没有别人，你活力在哪里？生命力在哪里？没有人跟你抬杠，没有人问问题，你没劲，坐在家里，越坐越糊涂。

我前边说的是顾先生教我如何做教师，如何自己把自己的全部都教给学生。

我就要说我的第二个收获了。第二个收获就是“文革”以后来了一个叶嘉莹，我跟叶嘉莹差八岁，我们都是夏天的生日。今年夏天非常热的时候，叶嘉莹在外国给我打电话，祝贺我的生日，我感动极了，为什么我这么感动呢？我们经过“文革”以后，我们缺了师生情这个好宝贝，没有师生情，人都冷淡了。叶嘉莹来了，她就热心，叶嘉莹三十年前回来以后找我干吗呀，我什么都不是，也不认识她，差八岁之多，干吗来找我？因为我是顾先生的学生，她要把顾先生的东西都搜集起来。我跟她说什么呢？我已经心灰意冷了，我不知道怎么办。她就是一心地找我，找这个，找那个，而且我从她那儿才看见那个小本子上贴的顾先生当年在报纸上讲的辛弃疾的剪报。她自己都不知道，我那时才开始学辛弃疾，我没有跟顾先生学到辛弃疾，在燕京还没有讲到那儿，就下课了，就放假了，南宋也没讲多少。所以辛弃疾我自己没讲过，也没学过，叶嘉莹来了，我才自己学的辛弃疾。

而且我做了一个大胆的决定，我得叫我的学生都看看叶嘉莹，有比我好的，你以为就是我这样的，你看看叶嘉莹什么样，你看不见我的老师顾先生，你就看看叶嘉莹先生。所以我就不顾一切地把叶嘉莹请到我们学校（北师大）了，她在北大都讲过了，别处都讲过了。我把叶嘉莹请去了，她说我一个子儿都不要，我就要一样，我也来学，我上你们的课，你们上我的课，我就这么一个愿望。我就又去求领导，我说她不要钱，就听听我们的课就行，学校同意了。叶先生来了，好多外头的人、城里的人，抱着录音机交费来听她的课。我是天天听，我们学校，好多人就不来听，就这么闭塞。

“文革”以后我分到国文系，那时候我算好的老师了，我就从头讲，从先秦讲起，找年轻的老师问教，怎么教；讲完了，又讲到唐诗，我又问教；又讲完了，一直到宋词。系主任开口了，说不要往下了，你就永远教宋词吧，我就讲宋词。这时学生给我贴大字报，这回是表扬的大字报，我不知道应该怎么办，我说谢谢啦，我就卷起来，搁在系里的办公室，我说你们觉得该给谁给谁。后来办公室的人（他也作词，也听我的课）给我起了个外号，叫作“不是党员胜似党员”，于是我老头就说，你根本就应该把大字报卷巴卷巴拿回家，谁也甭给看，搁家就完了。我倒不是显摆——我又跑这儿“显摆”来了——我的意思是学生认可我了，他们多么饥渴呀。

我在刚七十岁的时候，上边决定六十五的教授退休。七十五岁我刚当教授，非常危险地最后当了教授。七十岁退休了，我就在外头，什么人都教，多老的、多小的我都教，教了十年书，为了给我妈妈搞医药费。我们不能拿自己的医药费给她。她没有医药费，她是家庭妇女。这件事我是“女权主义”，我也不能用我老头的钱，用我自己的钱，我在外头教书，就这么教了十年，又回来，又归队了。

且说叶嘉莹是我的第二个了不起的模范。我看叶嘉莹怎么搜集到老师这么多材料，给老师出“文集”，太难太难了，我也是一无所有了，全烧了，全没有了。连顾先生给我的任何好东西，我也是一个都没有了，别人也都差不多了。叶嘉莹找到的很多东西也不知道是在哪个书库里，也不知道是某人的，是人凡是跟顾先生有过关系，都找了，当然也有顾之京、张恩芑帮忙，但她一个人真是够受。要不是冲着叶嘉莹，哪有顾先生这么多的作品出来，没有。最要紧的是叶嘉莹来了。为什么叶嘉莹来的时候对了？就因为我们的社会好了。现在这么好的一个国家，就是文化还差点。像现在《雄关漫道》就是一个电影的名字，以为雄关就漫道，漫道就是大道；《恰同学少年》就是一个电视剧的名字，人家是“恰：同学少年，风华正茂，书生意气，挥斥方遒”。你就起一个名字叫《恰同学少年》？我还看了一个材料，说学生现在有“三怕”。第一怕“文言”，我们的文言多好啊，哪国有我们这么好的文言文，他怕。第二，怕作文，你说一个人不会作文，光会打字，就完了？不会作文了怎么办？第三，怕鲁迅，鲁迅奇怪。那个时代说的话都不懂，而且老师就嫌讲鲁迅麻烦，算了，把鲁迅的课都去了，都换成别的什么文人，就唯独我们的鲁迅没有了，把鲁迅都去了。在这样一个时代，同志们，我们需要顾先生的门人们出来，学一点顾先生的为人师表，把自己的品德、自己的学问、自己的欣赏、自己的灵魂、自己的一切都燃烧给学生，然后我们这么传下去。今天几位先生说的这些话，说到我心眼里去了，我们作为一个开拓。很多我上一代的那些先生，他们都有一颗很好的心。你知道有一个叫叶圣陶的吗？人家教小学的时候，就跟小学的一起做作文；教中学的时候，就跟中学的一块；教大学的时候就跟大学的在一块；做编辑时对什么作者都亲极了。一个当老师的不懂得跟自己的学生学本事，连这个都不懂。学生将来也会成为你的师，后生可畏，“师不必贤于弟子，弟子不必不如师”，那么老的老先生都知道，你怎么不知道？“传道”，你是教书、教人的，你教大家怎么做人。我们饥渴，年轻人饥渴，我希望学者、教授，教书也好，不教书也好，都想到这些学生，想到这些年轻的学生，他们什么都不知道，还满处乱找，找什么外国故事，中国故事太多了，好故事多极了。学生连文都不会作，人家外国人写的字还比中国人好，那怎么讲？

叶嘉莹带头从外国来，教书教到八十多岁，我们俩差八岁，不知道怎么那么谈得来。我比她福气大，世俗上、尘世上的一切快乐我都有，她都没有。她受的苦不只她刚才讲的一句，她教书受的罪，跟外国人讲中文，然后再跟不会英文的中国人，拿外国的理论来讲中国的诗，你说她难不难？累得都没法子了，把她的女儿都急死了，说妈妈就像疯子一样，到处讲。她跟顾先生当时一样，你养养病不好吗？在文学研究所也轻松了，就半休养不好吗？作作诗不开心吗？不，他非要燃烧自己，燃烧完了才完。他后来日子好过吗？六十几岁去世了，我听说了，我哭了一场，也好，不然在底下的“文革”受得了吗，就得了，他少受点罪嘛，现在他若死而有知，他得高兴死了。现在北京这些朋友，记得我们的“顾学”，我们的“顾学”就起来了，一代一代人，看着你们亲热极了，都是我们亲爱的师弟们、师妹们，咱们就把他教书、教人的本事学到一点皮毛也好啊！

我废话太多，请大家原谅。谢谢。

奉献顾随师百年诞辰七律一首（并后序）*

高景成

弦歌不辍六十年，笑貌音容在眼前。
梅溪太甜如梅畹，小楼豪迈比稼轩。
借问桃源何处是？清波楼宇路东边。
教导勿标平仄调，终身受益恩如山！

师善于讲说古典文学词曲，谈笑风生，眉飞色舞，同学不知不觉，神随顾师，亦步亦趋，被师引入文学佳境中。时值抗日，师爱国思想浓厚，讲稼轩词《破阵子》，大有气吞日寇、还我山河之势。师喜于并善于将词比京剧，词人比演员。将稼轩比武生杨小楼，豪放雄健，武戏文唱，虽演武也有文采、文雅。说史达祖梅溪词像梅兰芳，不喜欢温柔委婉的旦角戏。顾师教我们填词，我结合燕园实际，写“借问桃源何处是?”“清波桥下碧，楼宇路东红”，即指燕京大学西大门内——现北大西大门内——的景色。蒙师称许。但余拙于为诗文，在填词时每字右旁先加上平仄声调符号一竖或一横，怕填错。师即指出，不必费事添加。余末句也有败笔，即为了平仄押韵填“守天知命不别求”，太颓唐了，师亦

* 本文系为纪念顾随先生百年诞辰而作，选自《顾随先生百年诞辰纪念文集》（张恩芑编，河北大学出版社 1999 年 6 月出版）。

指出。时过六十年，此情此景如在眼前。

受业高景成敬志

1997 年 5 月 10 日

回忆顾随先生*

王罗兰

记得在1937年9月，也即我进入燕京大学的第一周，得知顾随先生在此讲授唐宋词。我久闻其名，乃毅然决然选修了先生的课。那时先生好像只有四十岁左右，高高的个子，文质彬彬，经常穿着长衫，戴着褐色框眼镜，态度永远是那样严肃而和蔼。讲课时声调清晰而响亮，眼睛时时望着窗外，似乎在沉思，又似乎在回忆，那神情分明已将自己融会在作品的意境里。于是我们这些初学者全都屏气息声，随着先生的神色、音调，好像随着潺潺流水步入幽谷，也去欣赏体会那画一般的情景意境，我们在学习如何去理解这些古典名著。但是在下一节课，先生就要详细地讲解词的格律，每次都是将一首作品的格律以"—"表示平韵，以"|"表示仄韵，以"+"表示可平可仄，以及标句、逗、韵都清清楚楚地写在黑板上，对照作品认真仔细地讲解。到期末，先生曾留有作业，要求学生练习写作。我记得当时因身处逆境，深感苦闷，读岳飞《满江红》词，感触颇深，也曾习作《满江红》词一首及其他小词数首，蒙先生耐心批改，指出格律不妥之处，可惜这本作业早已遗失了。

进入第二学期，选修课改授元曲，实际上只授元曲的一部

---

* 选自《燕京大学37—41级校友入学五十周年纪念刊》，有删节。

分——散曲。先生选了一些作品印成讲义，令学生阅读。在头两节课先生对散曲做了简单的介绍，讲授作品时和讲授唐宋词一样，指导我们如何欣赏体会散曲的内容，以及熟悉它的格律和用韵。除课堂上所发讲义外，先生还指定一些必修书籍如《酸甜乐府》《曹明善乐府》《散曲丛刊花影集》《元曲别裁集》等，并要求学生写出读书笔记，限期完成。读书笔记交过数次，每次所交作业，先生都要极其认真地仔细审阅，并予以批改，任何小节都不忽略，有眉批，有总评；有批评，也有嘉奖。从作业上可以看出先生对教学工作非常认真，非常负责。先生高尚的情操、诲人不倦的精神，令人感激，令人敬佩。

顾随先生的词曲课*

高长山

一

1940年至1941年间，我选读过顾随先生的两门课：词选兼习作和曲选兼习作，上课的同学很少。记得词选课上，只有同系同班的五六个人；曲选更少了，只有我和另外两三个同系同班的女同学。本来顾先生的课在全校很出名，不少其他院系的同学也来选读，现在好像冷落起来。我想到两个原因：一是当前人们趋重实际，譬如说重理轻文的现象普遍存在，社会环境的压力使人们减少了这方面的情趣；二是学习任务繁重，同学在时间上精打细算，对于不属于必修的课程，不愿多花时间。顾先生的课都兼有“习作”，作词作曲，在有基础的人不算难；否则，纵使具有阅读兴趣，真地习作起来，就怕费力不讨好，写出来不像样。

我感到学校对这类课程也不够重视，好像诗、词、曲之类，不过是生活的点缀，可有可无；不然，为什么不把这类课程定为（至少是文学院的）必修呢？为什么不把顾先生也聘为专任（按：实为专任教师，因有家属在京而卜居城内，每周两次乘班车去学校任课），居住在学校里，多有时间和同学接近，平时多组织同学

* 选自《燕园钟声——燕京大学1937—1941五班联合纪念刊》，略有删节。

开展这方面的创作活动，从而使学校里“蔚然成风”呢？

顾先生的课在穆楼楼下进大门右手边一间窗户朝南的大教室。三五个同学集中坐在教室的中央，空空荡荡，但顾先生讲起来仍很认真，大家聚精会神地听，有时声音响亮，有时娓娓而谈，人越少，师生之间越加亲切。

二

顾先生身材修长，整年穿一件中式长衫，瘦峭的双肩，稍向前屈的胸部，苍白的面容，显出一副“文士”的模样，这时已经有些老态了，但是讲起课来，声音响亮，气力充足，感情丰富，颇能引人入胜，他往往把要讲的一首词、曲先做好板书，从头到尾，写得清清楚楚，然后诵读一遍，从视觉和听觉上给人形成一个完整的印象。听他的讲解，不是知识的传授，而是从作者本身产生的思想感情的交流，从对作品的消化与吸收，进入作者的内心世界。

记得一次讲的冯延巳的几首《蝶恋花》，他把第一首板书好之后，背转身来，静默多时，让大家细细地看一遍，思考一番，然后不慌不忙地放开喉咙：“谁道闲情抛弃久？每到春来，惆怅还依旧……”这样一声高唱，响彻云霄，然后他便离开本题，海阔天空地讲起来，好像想到什么就是什么，他讲到历史上的诸葛亮，进而到戏台上的诸葛亮，只听得他一遍遍地提到什么“叫天儿”，不知“叫天儿”是什么意思，再听下去，才知道他讲的是当年演诸葛亮的京戏名角谭鑫培（原名“谭叫天”）。此后他又一再引证旧日一位什么人说的一句话：“诸葛公真名士也！”他反复阐明这句话的含意，阐明他对“真名士”这一概念的理解。他从诸葛亮的事迹，讲到他的处世为人，联系到戏剧中创造出的这一人物形象，联系到谭叫天那种风流潇洒的动作唱腔，最后归结到那首《蝶恋花》的创作风格，体会到它那苍凉古朴的情调、优美和谐的旋律。

三

他往往在上课中，将自己的新作写出给大家看，他的作品，具有浓重的生活气和纯熟的语言技巧，能够把真情实感，用古典的格律表现出来。吴宓先生说：“顾随君所为词，能以新材料入旧格律，戛戛独造。”（见吴宓《空轩诗话》）

记得1940年的秋季，值吴雷川先生七十寿辰，全校举行庆祝，有不少教师同学写了祝贺的诗文，有些已见于《燕京新闻》。这天顾先生来上词选课，一开始，便将他事先写好的一首《水调歌头》（祝吴雷川先生七十寿辰）抄在黑板上：“朝日煴西岭，佳气郁葱茏。黄花正好酌酒，莫使玉樽空。……此老真名士，万水俱朝宗。……”我本来全首背熟的，现在只断续地记得这样几句。

又记得在此以后的曲选课上，已是学校被关的前一学期了，学校处境日益严峻，大家在这一“世‘内’桃源”里，虽然弦歌不辍，心情上日渐紧张了。这堂课讲的是马致远的一首散套《秋思》。只听他高声朗诵：“想秦宫汉阙，都做了衰草牛羊野。”一声凄厉，气贯长虹，等到整个一首讲完，他想起了自己所作的一首小令，便板书下来，这我也背过的，现在可连牌名也想不起了，只记着它最后的一句：“说难，不难，每小时已加到七元半。”板书好了之后，他转身低下头来，一声不响，只是咧着嘴干笑，他的笑是从来没声音的，他一口雪白的牙齿，衬托着嘴上一大堆黝黑的浓厚的胡须，显示出一副带着难为情的得意，不消说，这首小令，当然是他的“夫子自道”了。

四、附录词二首

顾先生字羡季，河北清河县人。他的作品有《无病词》《味辛词》《荒原词》《留春词》诸集，吴宓先生曾在他所编的《大公报·文学副刊》里，以评顾随、《无病词》《味辛词》，为文评赞。吴先生所谓的“以新材料入旧格律”也者，新材料便指现实生活，主要有两方面的内容：一是爱国伤时之心，二是生活劳累之苦。现录其《味辛词》中的两首为例（这些是他早期 30 年代以前之作），他那时还只三十岁左右吧。

八声甘州

哀济南

（1928 年 5 月作，二首录一）

记明湖最好是黄昏，斜阳射湖东。正春三二月，芦芽出水，燕子迎风。城外南山似幛，倒影入湖中。醉里曾高唱，声颤星空。　　此际伤心南望，有连天烽火，特地愁侬。便梦魂飞去，难觅旧游踪。绕湖边、血痕点点，更血花比着暮霞红。凭谁问、者无穷恨，到几时穷。

木兰花慢

宵深归来，独过桥头，戍兵呵夜，冷风挟沙扑面，飒飒然疑非人世也。

又沉沉醉也，却独下，酒家楼。忽一阵风来，惊沙扑面，冷彻棉裘。街头。路灯焰小，正青磷数点乍成球。渐见幢幢暗影，似闻鬼语啁啾。　　心忧。欲去又迟留。春夜冷于秋。恨如许悲凉，全非人世，直是荒丘。悠悠。上天下地，有不知我者问何求。我问红桥春水，谁教无语东流。

顾随先生的词选课*

戚国淦

1938年秋，我们几个有幸通过大一国文课免读测验的新生，经老同学的指点，选修了顾随（羡季）先生所开设的“词选及习作”课。顾先生是著名的词曲家，来燕大授课已近十载，深受同学们欢迎。词课好听，习作却难。

课堂设在穆楼楼下向阳的一间教室。室内安放三排扶手椅，每当先生上课，教堂都坐得满满的，分不清哪个是选修，哪个是旁听。引人注目的，一位是研究生杨敏如，她刚刚完成由顾先生指导的学士论文《韦庄词研究》，考入研究院后，又来听讲；另一位是我当时所在的西语系系主任谢迪克先生。这位英国学者来华授课之余，潜心研究中国文化。记得有一次课间，他曾向我提出一个问题：为什么中国的词总是以儿女爱情作为内容呢？看来这位先生的涉猎已经颇广了。

词选课安排在星期三的下午。每次上课铃响，顾先生准时缓步走进教室，顾先生头上依稀可辨的白发，额上深深的皱纹，嘴上浓密的髭须，以及微微朝前弯的身躯，使我们深为他担心：这位实际年龄刚过四十的老师，显得有些未老先衰了。

另外，我们从先生的脸上似乎还看到了些什么，那就是在眉

---

* 选自《燕京大学三八班入学五十周年纪念刊》。

宇间凝聚着古人词中常使用的一缕“闲愁”。为什么呢？身体多病？生计艰难？这些因素都有。但是更主要的却是蕴藏在先生内心深处的故国之思。先生因家口之累滞居燕市，目睹河山沦陷，敌寇横行，爱国爱民之心，只能是郁积胸中，或者述诸笔墨。我们读过先生的一阕《定风波》，其中有“南国书来消息好，微笑，四山如画散秋阴”之句，只有这时，才是先生舒展双眉的时刻。我们的老师是一位爱国词人，所以在南宋词人中对辛稼轩最为推崇。

先生在燕大开设词选课多遍，讲课的精彩已是有口皆碑。然而若问起先生教课之精彩究在何处，被问者往往只是赞不绝口，未必能领会到先生讲课的真谛妙义。这是因为听词课的人大都是初学者。在班上先生旁征博引，妙语如珠，听课人如入宝山，目迷五色，未必能探得瑰宝。我自己当时就是这样。近来读到加拿大华裔学者叶嘉莹教授写的一篇怀念顾先生的文章，谈及先生的讲课，确能领略个中三昧。叶教授曾在辅仁大学从先生受业，于先生所开课程无一不选，毕业后仍返校旁听，可以算是传顾师衣钵的弟子。她的文章写道：“先生之讲课纯以感发为主，全任神行，一空依傍，是我平生所接触过的讲授诗歌最能得其神髓，而且也最富于启发性的一位非常难得的好教师。”这一评论至为恰当，也深获我心。叶文对于先生讲课尚有许多妙解，限于篇幅，未便多引。

先生讲课时经常举出自己的新作作为示范，后来编入《霰集词》中的许多首词都曾在课堂上首先同我们见面。留给我印象最深的是一首《鹧鸪天》：

不是新来怯凭栏。小红楼外万重山。自添沉水烧心篆，一任罗衣透体寒。　　凝泪眼，画眉弯。更翻旧谱待君看。黄河尚有澄清日，不信相逢尔许难。

这首词从艺术角度看，在集中并不突出，然而词中的爱国情怀却是感人至深。我们懂得词中盼望的不是什么离人远客，而是“故国旗鼓”“汉官威仪”，这种河清有日的信念，读来不是比陆放翁的《示儿》诗更能受到鼓舞吗？

一次，先生在黑板上写下半阕《减字木兰花》：

栖鸦满树，借问行人何处去；满树栖鸦，不信行人尚有家。

并说下半阕尚未想好，问我们谁能代为续上。这个题目实在太难了，当时无人敢应。我私下里为此连续许多天苦思冥想，后来勉强凑成：“严霜遍野，但愿行人归去也；遍野严霜，哪个行人恋故乡。”写成之时，词课已经结束，未能呈先生批阅。自知狗尾续貂，仍愿保存下来，作为师生联句的纪念。

让先生费心血的，是作业的批改。先生要求我们从小令到长调每周试填一首。我们这些初学者虽然刻意谋篇，但总难避免这样那样的疏漏。先生批改不但从格律、韵脚、平仄诸方面细加改正，而且在遣词用字方面也加推敲，务求精练，以鼓舞大家不断提高。我有一次忽发奇想，将英国诗人雪莱的一首《挽歌》译成

《菩萨蛮》送呈批阅。其中“竟夜怒云堆，惊涛空泪垂”两句，自己也不满意，但是限于原著本意，自己又辞藻贫乏，搜索枯肠，无力改动。等到先生阅后发还，稿子上的“堆”字改成“稠”字，“垂”字易为“流”字，比起原来不知高明多少。我想，先生确有点石成金之术啊。正是由于先生的精心指点，我们这些初学者都有很大长进，有时也写出了清词丽句。

我也曾得到顾师的期许，然而才质驽钝，写词意境不深，很少佳作。五十年来，浸淫史书，但是对词的爱好不减，每有闲暇，常以读词自娱，有时也偶填一阕自遣，这种乐趣，实系先生之所赐。

半个世纪转瞬过去，先生归道山已三十年。当年同窗，天各一方。每忆及当时乐事，依稀在目，不尽神驰。

鹧鸪天

为羡季吾师百年诞辰纪念敬赋

往事依稀尽化烟，梦魂犹自系燕园。启蒙一受先生教，发我诗心六十年。　　怀故国，谱新篇，深情长记鹧鸪天，今朝喜看金瓯整，谨具馨香献讲筵。

注：先生于 1938 年谱《鹧鸪天》一阕，中有“黄河尚有澄清日，不信相逢尔许难”之句，意盼光复。余于课堂聆之，至今不忘。

1997 年 5 月 15 日

不尽的追忆　永久的怀念*

——和顾随老师在天津的日子里

吴华英

追忆和怀念是一种安慰和享受，也是无声的纪念。有时也会从中尝到些苦涩滋味。

每当我收到《燕京通讯》时，不禁引起我的回忆，忆起当年在“燕园”的生活和学习情况，忆起同学们和教我的师长们。在老师中间，首先浮现在我眼前的，是顾随老师。在校时，除去一年级时，必修课已占满了学分，无法再选其他课程，其余的三年，每年我都选了顾老师的课。在这三年内，他讲过词、曲和《离骚》。他在课堂上的神态和他的风度，至今仍清晰地留在我的心上。不仅如此，抗战胜利，我回到天津后，从1953年至1960年我又同顾老师时时晤面达八年之久。在这八年里我们师生的感情又加深了。我早有意要把这八年的情况写出来，留作纪念，但一直未能如愿。如今我已快九十了，人既来在这个世上，总有回去的一日，如果我不及早抓紧时间，把我想做的事做了，到我告别人世时，那将是永久的遗憾。因此在我有生之年，把我想做的事，尽力完成。经过我长时间的追忆，将我同顾老师在天津八年的情况书写出来，留作永久的纪念。不过也只能忆起一些情况，至于

---

* 选自《顾随和他的世界》（孙绳武编，作家出版社2007年11月出版），有删节。

是哪年哪月更具体的时间和内容，已记不起来了。

1953 年有一天我去看望燕园同窗杨敏如和杨伯母，敏如告诉我顾随老师已在天津师院（河北大学前身）教学，约我一同前去看望他。我非常高兴，我们约好时间，我来找她一同去。

顾老师家就在师院一进校门往左拐的一所楼内。我们进去后，见到顾师和顾师母。顾师见到我们很高兴，带我们走进书房。多年没见到顾师了，今天一见备感亲切。我觉得他没什么变化，只是较先前苍老一些，但他的神态和独特的风度，不减当年。我们坐了一会儿，谈了些离校后的情况。我告诉他，我也在教学。大约坐了将近一小时，我们起身告辞。临走时，我说我已认识了他家，师院离我家不远，我会常来看望他。

1954 年敏如全家迁往北京，也只有我独自去看望顾师了。1953 年以后，我教学的财经学校由月纬路迁至河西区人民公园对过。我去学校也就近了，乘家门口不远的四路公共汽车，就直达学校。每天都从师院过，只要在回来时提前一站下车，便到师院。1956 年山西铁道学院借我爱人去教课并兼任系主任。他走后，我便骑他的车去上班，这样去顾师家就更方便了。不过那时我很忙，每天除去教两个班语文，晚上还要给几位老干部补课。当时校长、书记们都在红专大学学习。

有一次比较闲一些，我早些时间回家，路过师院，我便下车，推着车进入师院，直奔顾师家。进门后，在书房里，见到他将脱下外衣，把外衣挂在衣架上。他看到我来，转身对我说，他也刚回来，并叫我坐下。当时正是秋天。他笑着说：“我回来时，见满院落叶，不由想起两句来。”说着他随口念了出来：“西风下黄叶满阶，烂下去与好起来，两个不同世界。”念完后，他注视着我。我笑着说：“这两句正是，歌诗合为时而作。”这句话出自白居易，原句是“文章合为时而著，歌诗合为事而作”。实际上都是为时为事而写。在修辞学上，这两句是互文，为了句子形式，把“时”和“事”分开写。我把它颠倒过来，是因为当时正发表最高统帅的“敌人一天天地烂下去，我们一天天地好起来”。所以我把“事”和“时”换了一下。顾师听后，也笑起来。

这时我不由地想起当年（北平沦陷时期）顾师在讲词时候的情形。一次他走到讲台上，低了一会儿头，然后在黑板上写了两句：“友人问我南来意，路远山高惟燕知。”写完后，他转过身来说，前些天收到陆侃如的一封信，问他是否能到内地去，他便想起这两句，以此表达他的心意。讲完后，他轻轻摇了摇头。我懂得他的意思，他何尝不想去，但有他的苦衷。一是体力不行，经不起长途跋涉；二是经济不许可，但路远山高只有由北飞到南的燕子知道，只有把心意寄托给燕子，以此答复友人。

后来我们又谈到《诗经》。我问他《诗经》是否都押韵。他点了点头说：“《诗经》是很早的诗歌，当时读字音和现在不同，所以现在读起来好像不押韵。”然后他举了《诗经·魏风》中《硕鼠》里的一句“爰得我值”的“值”字，用古音念出来，说你听，这押韵了吗。我点了点头。后来又谈了点其他方面的，我已记不起来了。

每次同顾师谈话，他总是给我过去在课堂上没有得到过的知识，也解决了我在教学中的一些问题。他见到我时，总是说要是我能在他那里工作就好了，我说现在是服从分配，自己无法选择，他点了点头。

1958 年财经学校改为财经学院，升为大学后，不用中专课本了。语文课的课时共给了一年半，内容由我们自定。我教古文及古汉语知识，因此同古代文学接触得就多了。

记得有一班学生的课代表在下课后对我说，希望我能在他们自习时，给他们讲点诗词。我不好推辞，便答应了他们。一首诗、一首词讲完后，也到了下课时间。我坐在教研室，不由想起顾师一次在课堂上讲课的情况。他一进来，低着头在黑板上写了三句："远梦归来人落落，西风吹去柳斜斜，朝林海燕已无家。"这是他近来所作的词中的几句。写完后，他念了一遍，然后不知不觉地便引到要讲的词的内容。真是引人入胜。当时我回忆起这一情景时，不由地想到在教学时的一开始，便能将同学们引入要讲的内容中，看来确实要考虑到。有了好的开头，才能使同学们的精神集中起来。

有时顾师把我们的作业拿到课堂上面批。有一次他把我叫到桌前，拿出我填的词说，这首词总的来看很好，我给你改了个字，即将"满樽中"改成了"一樽中"，你看为什么将"满"字改成"一"字，哪个好些，你仔细想想。接着他又说，前些时你交了两次的词中，都有个"笑"字，我都给你改了，你为什么爱用"笑"字，我不明白。他问得我当时无言以对。我深感他的记忆力太好了，二十几个学生，上课不到很长时间，就能把我们的名字记下来，而且连我一个多月前所交的作业的内容都能记住，真是我想不到的事。

忘记是什么时候了，一次在顾师家谈到了元曲。顾师说南大某某教授元曲讲得很好，对元曲颇有研究，他指出元人也写白字，举了睢景臣的《汉高祖还乡》中的“赵忙郎”，他说实际上“忙”字是“芒”的误写，“芒”就是牧童的意思。顾师深赞这位教授。我听后也恍然大悟。差不多有两次听到顾师讲到元曲。他很欣赏和称赞关汉卿的《单刀会》。他一边说一边比画着，关羽乘船，在船头手提大刀，观赏风景，口中还念着其中的词句，把这个英雄的关羽生动地表现出来，真是惟妙惟肖。这两次使我感到又上了两次课。

记得他在讲曲时，举《西厢记》中张生等待莺莺时的心情。他说王实甫仅用了三句话，把等人的心情写得一步深似一步。然后他念了出来：“他——要是来，早身离贵宅；他若是到来，便春生满斋；他要是不来，似石沉大海。”把一个等待人的心情，用猜测的口气，写了三种情况，真是神情俱在。（这是我的“转述”）当时顾师讲的都是散曲，却使我从戏曲里又得到一些知识。记得一次上曲课时，班上人不多，多是国文系的同班，有李锡澜、陈叔华等。我们忽然想到去岛亭上课，顾师也很高兴去。到了岛亭，坐好后（一张长桌），每人又叫了一杯冷饮。然后开始讲课，讲完后，还在岛亭外的园子里拍照留影，大家都很开心。当我在他家听他讲到关汉卿和王实甫时，此情此景不由又涌上心头。

忘记是什么时候了。他给学生（好像是研究生）在他家里讲课，内容是“陶渊明”。他告诉我是下个星期六两点，叫我也去听。我很高兴。到了星期六下午，我到了他家，看到已有四五个学生坐在那里。顾师叫我坐在沙发上。不久到了两点，他开始讲课，介绍完陶渊明的生平，已快两个小时了. 他便结束了这两堂课。他送同学们走后，回来关上房门，忙问我与当年在燕京讲课相比，觉得怎样。我说："不减当年。"

这时我不由得想起 1941 年第一学期，他在"适楼"讲《离骚》时的情景，当他一开头讲几句时，便把我引入书中，特别是讲到"皇览揆余初度兮，肇锡余以嘉名。名余曰正则兮，字余曰灵均"，一边讲一边一只手好像抱着屈原在怀中仔细端详，真把人讲得好像就在眼前。在讲课的一开始，就把我引入书中所写的境界中。以后每堂课都讲得有景有情。当时正是秋天，看到眼前秋景，就更动人。《离骚》讲完后，我眼前总出现一个满怀壮志而不被任用，满怀衷情无处倾诉，最后一个形容枯槁的人，在汨罗江畔徘徊。既不见容于楚国，又不愿去其他国，只好以死殉志，跳入江内。此情此景，当时在我眼前，久久不能消失。如果今昔对比，我感到顾师的讲课，像是比过去收敛了一些。由此我又想到过去的时代和处境，同今天相比，也大不相同了。看来讲课也要审时度势。这次听讲，又给了我不同的启发。

当时全国正掀起大炼钢铁的高潮。那时我们下了课便炼钢，直忙到深夜一两点钟才能回家。就在稍安定了一点后，我抽空去看望了顾师。这次他正在卧室外一间作为厨房用的狭长的过道内。我一进门，看到顾师正要热牛奶，我忙接过来，替他热好，送给他。他指指桌旁一把椅子，叫我坐下。然后他问我是否看到报纸上登的他的一首词，我点了点头说，看到了。他又问我觉得怎样，我说很好，不过有一句我想提出来同你商议。他忙问我是哪一句，我说就是其中那句"万丈马丁炉"，马丁炉是炼铁的，平炉炼铁，高炉炼钢，所以写马丁炉是不是不能往高处夸张。说完后，我有点不安。但顾师一点没有介意，只是点头说：“你的话太对了，你该早来，你先看看，我就可以改掉。”接着又叹了一声说：“有个工人给我来了一封信，也说到了这一点。唉！你早来就好了。”虽然他的口气有点怪我，但却是好意。我也深受感动。我们师生之间，真是以诚相见，无话不谈了。

有一天，因为孩子生病，上完两节课，我即回来带孩子去看病，途经师院时，正看到顾师抱着个西瓜，迎面走来。我忙下车，和他打招呼，他笑着说：“到我家坐会儿，吃点西瓜吧！”我忙说明早回家的原因，并说这次不能去他家了。他点了点头，又凑近我低声说：“这次反右倾，把我划成了左派。”说完后，他摇了摇头，苦笑了笑，但也很高兴。我深深懂得他的心情，也为他高兴，并说改天一定去看他。我们就分手了。

大约是一个初冬的时候，外面下了点小雪，我去了顾师家，按了门铃，约等了一会儿，才开了门，是顾师开的门。他见了我，笑着说：“你真是‘立雪程门’了。”我说：“程门是当之无愧，但我不敢与杨时比。”说着，我们都笑了。进屋后，我们谈了一会儿，不知话题怎么又转到各教派上去了。顾师对佛教颇有研究。我们谈了一会儿，他忽然从抽屉里拿出一叠纸，上面是密密麻麻的小字，是用毛笔写的。他交到我手中说：“这是我写的讲稿，题目是《用佛学讲马列主义》，不过我没讲，这稿子送你吧！你好好看看。”我接过来一看，首先被他的字吸引住了，满纸工整的蝇头小楷，真是铁画银钩。我一生最遗憾的是没能写出好字。我的手太笨了，当然这也与心拙有关。看了后，我立即将稿子放在书袋里。我为我没能写好字，深感愧对顾师。

回到家后，我将稿子细细地看了一遍。但一遍是不能理解的，我把稿子装在一个大纸袋里，放在书桌的抽屉里，以便抽时间仔细看。我一定把它好好地保存起来留作纪念。谁知这点心愿，都没能实现，一场浩劫，被抄走了，后来无影无踪，可能被付之一炬了。如今回忆起来，我仍深感愧对顾师，有负他对我的期望。愿顾师在天之灵能原谅我，而我终不能原谅自己。

回忆我同顾师的最后一次见面是在他病中。那是我永不会忘的情况。那年正是 1960 年的暑假快结束时。我趁没开学时去看他，大约在 8 月里的一天上午，当我走到他家时，见大门虚掩着，我推门走了进去，抬头正看见顾师母走来。她低声对我说："顾老师病了，住在书房里，不知现在睡着了没有。"我一听他病了，很感不安，便轻声说："我进去看看，如果他睡了，我就出来。"顾师母点了点头。我见门虚掩着，便轻轻推开进去。这时听到顾师在床上有声音，我知道他没睡，便轻轻走到他床前。他见了我，想坐起来，我忙拦住他说："您别动，就躺着吧！我如果知道您病了，早就该来看您了。"他点点头，似乎怕我走了，用手指指床边的一个沙发，示意我坐下。我坐下后，小声说："我坐在这陪您，我不走，您好好睡一觉吧！"他点点头，就闭上了眼睛。我见他躺好，便静静地坐在那里。他不时地睁开眼睛，看看我。大约二十分钟后，我听听他没什么动静，并有微微的鼾声，也不睁眼了，我知道他睡着了。我又坐了一会儿，这时已快 12 点了。我轻轻站起来，他没动，我又轻轻走到房门口，停了一会儿，听听他仍在熟睡。我推开房门，慢慢走出来。我想也不必同顾师母打招呼了，以免再惊动顾师。我轻轻走出了门，来时很轻松，但离开他家时心头像压了一块大石头，很沉重很沉重。我推着车迈着沉重的步子走出大门。

开学后，我打算再去看他，不料传来了他已去世的消息。我听后如同一个惊雷打在我身上。想不到那次的看望竟成了诀别。我敬爱的顾师，你在垂危时我没能亲去送行，后来又没到您的灵前吊祭您，这是我终身的永久的遗憾和悔恨，也是我永不消失的悲痛！如今也只能在追忆和怀念中来寻得一点安慰，但我终不原谅自己！

感恩琐忆*

滕茂椿

我同顾先生接触始于1940年秋，当时我在燕京大学经济系读书，已是三年级学生，慕名选修先生的“词选及习作”课而认识了先生。第二年冬太平洋战争爆发，燕大蒙难，我回到北平城里，住在地安门外的福祥寺跨院内，先生已迁居地安门内碾儿胡同二十九号旁门，相距不远，我就有条件时常登门求教。后来先生家又迁居什刹海附近的南官坊口胡同，我还是顾宅的常客。到1945年抗日战争胜利后我到天津谋食，我与先生的来往少了一些，但我每于周末回北平探视双亲，总要抽空去看望先生，一直到1949年北平解放前都是如此。在这一段七八年中，每次见面在先生的书房兼客厅里，听先生说诗词、小说、戏曲和书法以及五四运动以来文坛轶事，还谈到辅仁大学陈垣校长，沈兼士、余嘉锡、张星烺等教授的学问道德和启元白、柴德赓的诗文书法。我恭聆教诲，受益不少。先生对曾受教或仰慕的前辈学人如沈尹默、鲁迅、王国维等，言必称呼“先生”。有时说古道今，不觉就到了用饭时间，就在先生处吃饭。顾师母擅做面食，菜也烹调得很精细。有时我陪先生出外到什刹海、北海散步，回来后先生常有诗、词记游。与先生的交往在感情上可以说是情同家人、父子。先生有些

---

* 选自《顾随和他的世界》。

生活琐事或对外联系也常委托我去办，我感到十分温暖。先生有时出门散步，几天不见，也到寒舍福祥寺跨院我的名叫“寒松阁”的住室小坐。1942 年春填的一首词，调寄《鹧鸪天》（不是销魂是断魂），一首怀念燕园之作，就是在我家抄来给我的。在《顾随文集》① 第五百六十四页有四首诗，题目是《薄暮散步什刹海附近因访友人未遇而返》，其中第四首“经年一到寒松阁，古寺黄昏蝙蝠飞。拄杖徘徊人不见，布鞋还踏月明归”，这里首句的寒松阁就是我的住室。

在闲谈中，先生和我常提起蔡元培先生早年对他的帮助。当时正值五四运动前后，先生在考入北大时，原报的是中文系，蔡先生看到入学考试中文卷成绩很好，就力劝先生改入西洋语文系。这样就使先生受用无穷。他多次向我提起这段往事，对蔡先生表示出深深的感激与敬意。②

在与先生晤面闲谈时，有时也大胆向老师提些建议。例如 1942 年春在谈到讲课艺术时，我希望先生能用语录体一如堂上讲课，写一部词说，定能嘉惠后学，对普及和提高学生鉴赏能力大有好处。先生赞同我的意见，随即于夏天挥汗写出了《稼轩词说》和《东坡词说》这两部著作，后来收入《顾随文集》中。两部词说都有长篇自序。这两部词说讲述诗词源流和名家作品的特点，涉及范围极广，是文艺批评和鉴赏理论的专著。嗣后先生还准备续写《大晏词说》，终因课业忙碌、体力不支未能动笔。

---

① 上海古籍出版社 1986 年 1 月出版。

② 此处作者记忆有误，顾随先生 1915 年报考北京大学，当时校长为胡仁源，蔡元培 1916 年底始任北京大学校长。

我早年的习作大多送请先生批改，他用毛笔正楷书写修改后的字或词，往往还加眉批，每句又用朱墨圈点，好的句子还整句密圈，最后加总评语。为帮助学生提高写作能力，在讲堂经常板书他自己的诗、词或曲，作为示范。1942 年秋老师在中国大学授课，在黑板上写了一首五言律诗新作，题目是《花落后重游园中有作》，园即原恭王府花园，当时是辅仁大学的一部分。原诗是：

纵使余花在，青青已满枝。
清阴未成雨，老柳尚垂丝。
但有生机好，何曾春日迟。
无人赏新绿，独为立移时。

老师还声称：凡能和作的可为书一条幅。我当时在旁听，课后就和了一首寄给老师。老师为修改了几处，就复信并寄我横竖条幅各一件，上面书写原作及我的和作，先生的书法，有晋唐法帖的俊美，又有汉魏碑版的古朴，后来我装裱成一镜芯，几经磨难，至今幸存。

先生的第一部词集——《无病词》是 1927 年挚友冯至（君培）先生设计并经手付印的，版式典雅大方，后来的《味辛词》《荒原词》《苦水诗存》《苦水作剧》等都是仿照《无病词》的版式排印的。40 年代中期的《濡露词》则是史树青先生为筹印的，版式与《无病词》也大体相近。另外，先生谈禅学之作定名为《揣籥录》，原在一本佛学刊物叫《世间解》的上面连续刊载。大约在 1948 年，我将原稿中的三节重抄后，还写了一个跋语，与在天津的燕京大学校友为筹印数百册。这本小册子的书名用书中的一篇题目——《兔子与鲤鱼》代替原来的《揣籥录》，书名是先生亲笔题写。这个排印本的印工比《无病词》差多了。更遗憾的是，我手里的几十册在1957年反右运动中销毁了。值得庆幸的是原稿并未遗失，前几年已交给顾之京师妹保存，使我稍觉心安。

回忆在北平沦陷期间，我们一些师生在燕园这座孤岛学习时，顾师以孱弱之身，每周从城里到海淀授课，太辛苦了。那时交通不便，从西直门到燕园没有公交车，顾师只能到东单青年会去搭乘唯一的燕大校车，早出晚归，两三小时的课要占用七八小时。校车又很拥挤，每一单程要乘坐一个多小时。1941年春，老师在汽车上有即情即景小令一首，调寄《一半儿》：

> 楼前山下影模糊，恰似烟薰水墨图。舞断长条柳未苏。有春无，一半儿狂风一半儿土。

可见那时老师的忧郁心情，也反映了对日本侵略者和汉奸们的鞭挞。他在讲堂上把这首散曲写在黑板上，没有多说什么，同学们经他吟诵后都能心领神会。

1941年太平洋战争爆发，燕园遭日寇封闭后，许多燕京大学的教师为摆脱敌伪的纠缠，到私立大学任教，取得微薄收入，维持生活。顾先生在辅仁大学继续授课，还在中国大学兼课，每天东西两城奔走，十分辛苦。有一次我在中大旁听先生的“唐宋诗选”课。同在燕大上课一样，先生一登讲台，就全神贯注，或高声朗诵，或低回吟哦，或侃侃而谈，讲解精审，板书整齐，使教学双方感情融为一体，发出共鸣。有人说听先生一堂课收获是多方面的，不仅在学术上，即于安身立命也会得到启迪。我记得先生常引诗人雪莱的诗句“If winter comes，may spring be far?”(冬天来了，春天还会远吗?)，用以鼓励同学们。先生兼课的中国大学校长何克之先生1943年春被日本宪兵队逮捕，出狱后，顾先生赠诗一首云：

莫信蛟寒已可罾，飞飞斥鷃笑鲲鹏。
燕市花开仍三月，人在蓬山第几层?
共仰挥戈回落日，愁闻放胆履春冰。
将军百战勋名烈，醉尉恁教呵灞陵。

何原系西北军冯玉祥的秘书长，北伐后任北平特别市第一任市长。七七事变后经办私立中国大学，一直不与伪政权合作，并尽力保护留居沦陷区的专家教授。我与何是同乡，1938年至1946年间常有接触，我知道他非常喜欢这首诗，他把它装裱后悬挂在客厅里，引以为荣。

原辅仁大学沈兼士教授在抗战胜利前夕潜赴内地。1943年新年时，顾先生到沈府拜年时，为伪政权密探拘捕，出狱后告诉我在狱中一位年老的狱卒对顾先生年老体弱感叹道：“老教师要是挺不住，怕难于活着出去呀!”先生终于获释，还是挺过来了。

抗日战争胜利后，先生在辅仁大学任专职教授，家住在什刹海南官坊口，后移居辅仁大学教员宿舍，到新中国成立前，通货膨胀的灾害极为严重。先生的微薄薪金已很难维持正常生活。我记得在先生家闲谈时，先生仍用纸烟待客，自己已经改用旱烟了。我还记得有一次家里破开一包方袋面（相当于现在的富强粉），还特意写信约我到家吃饭："顷破开旧藏方袋面一个，味幸不变。本礼拜日下午下班后，请直来寒斋便饭。虽无菜肴，可同吃大馒头，以咸菜下之也。"可见先生作为一位著名教授，生活水平已是一降再降。为此，我建议先生写一些扇面，由我在天津推销。那时一般人生活都顾不上，谁愿买文化作品？但经我一张罗，确也聊资挹注。到 1947 年 11 月间，我把售款托舍妹给先生送到家里。先生复信说：

令妹送来华翰及金圆二百，感荷不能已已。……辅大当局洋人视财如命，同人等虽要求调整待遇，迄无具体办法。小寓日来正苦菜钱无着。尊款适于此际送来，真以西江之水沃枯辙之鲋矣。……

这信当时是寄到天津我任职的中纺公司的。那时物价飞涨，国民党"改革币制"，发行"金圆券"代替"法币"，以一万元法币兑换一元金圆券。先生当时的生活是相当清苦的。

北平解放后，先生万分兴奋。开会、学习、教课、各种社会活动先生都非常积极参与。可是多年来的宿疾因劳累而日趋严重，几次达到病危，幸赖顾师母精心侍候。1949 年 8 月 27 日给我写信说：

……不佞以风湿旧病牵动心脏病发已半月有余。心跳气促，不独不能读书，即阅报亦觉头晕，又复失眠减食，更觉周身无力。刻校中各会已不能出席。将来能否教课亦成问题也。久不作字，以兄眷念殷切，勉强作此短札，然手战心跳，难以详所欲言……私心惴惴，恐将病废也。力疾作此数字。

三年后病情转好，在天津师院任中文系主任的王振华教授的敦促下，经高教部同意，请先生到天津师院任教。先生遂于1953年移居天津。学院领导成员有不少人曾是先生的学生，对先生非常尊重。先生晚年到天津工作，心情是愉快的。而我又能经常到先生学院的宿舍（在天津马场道原工商学院的一个小跨院内）拜谒，也是我的幸福。我每次去时，与传达室招呼，一位年长的工友总是笑脸相迎："您找'老师的老师'吗？老爷子在家呢！"顾先生从来不摆架子，对人一律平等的美德，是我早有体会的。

先生晚年开过"佛教文学"课，我看过先生自编的油印讲义，其中有一处讲到胡适论述佛经的观点。先生曾对我说："我们不能因人废言呀！"当时已是大张旗鼓批判胡适运动之后，先生在学术问题上不随波逐流，可见一斑。

顾先生对沈尹默先生的诗词、书法深为钦佩。抗日战争时期，沈先生在重庆，顾先生困居北平，南北暌隔，彼此怀念，他们曾设法通信问候。顾先生每当收到寄来的诗词都十分喜形于色，也都出示我看并加指点。尹默先生的《蜀中杂诗》若干首顾先生曾为书写在一个册页上，至今我认为这是诗书双绝。

1954年我奉调河北，先生曾为我设家宴送别，此情此景，如在目前。可惜四年后我被错划右派，虽每年也回天津省亲，就不便连累先生了。直到 1960 年先生病逝，我从报刊上得到消息，也只有默默心香悼念先生而已。

感谢叶嘉莹女士及先生六女顾之京的努力，《顾随文集》于 1987 年问世了。我是在新华书店偶然发现的。这样，我又和之京通了信，访问过河北大学。可是人世沧桑，“落叶满空山，何处寻行迹”。近年，我有幸参加了数次纪念先生的活动，感到万分欣慰和惭愧。欣慰的是先生的门生故旧多年来对先生永志不忘；惭愧的是我碌碌一生，年逾古稀，一事无成，但我愿意今后在收集整理先生遗稿上贡献微力。

值此顾随先生《全集》① 即将问世之际，我把我与先生过去交往中的一些琐事写出来，聊表对恩师的感念之情。我对先生书法艺术的认识，已有拙旧作《清河顾随先生临帖四种跋》，至于先生的学术思想和文学创作有待专家学者的论述文章，我因水平所限，不敢多所妄议。

1999 年 8 月据旧稿改定

① 指河北教育出版社 2000 年 12 月出版之四卷本《顾随全集》。

顾随先生别开生面的授课方法*

沙逸仙

燕京教育方针的特点之一，是使学生获得尽可能广泛的知识面，各系学生除必修课程外有许多选修课。我这个化学系学生曾选修过心理学、政治、历史和文学等课。除夏仁德先生的心理卫生使我受益匪浅外，印象最深的是顾随先生的《楚辞》。上课教室在花木环绕、环境幽雅的岛亭。当时很希望顾先生能逐句地为我们讲解。不料他除了提出一些重点外，只抑扬顿挫地曼声朗诵词句，告诉我们：如果你能细心听进去，你就懂得了；如果由我来讲解，反而不能全面反映原句的精髓。（大意如此）当时我很难理解这种别开生面的讲授方法。以后随着课程的进展，逐渐领会顾先生的这种讲授方法引导学生从被动地接受变为主动地自己寻求作品的意境，对于我这个仅有十分粗浅的文学修养的人来说，是一次难忘的启发教育。

---

* 节自《燕京大学三八班入学五十周年纪念刊》之《良师教诲永不忘》一文。

怀念先师顾随先生*

——在顾随先生纪念会上的报告

周汝昌

在这个盛会上，我心情非常激动，我不太善于言谈，特别是讲到先师羡季先生，那我就更不知如何表述我的衷怀了。所以我在这样的感情、这个精神状态之下，真正是悲喜交集，万感中来，一切心情，不知从何说起。我们这次隆重的纪念会，规模尽管不算很大，意义却是不小。会上有老师生前友好，有高等院校的领导同志，有文化界的友好，还有新闻界的关怀者，虽然人员上是我们同门弟子为主，但这绝不只是我们个人的师生之谊。这是我感到的第一点。

今天我在这里怀念老师，有我个人的感情，但这是次要的；我觉得最重要的是在思索我们大家聚会一堂，在老师逝世三十周年的时候，我们要纪念什么。过去，提起顾先生来，就说是词人，特别是早年，在北京的文化界、教育界，一提苦水词人，无人不知，无人不晓，但正因为“苦水词人”这个称号大家熟知了，这也就掩盖了他老的全人。是个词人哪，会填词，长短句，倚声，诗余等等，不过如此。而我们如果是这样看顾先生，那就把这位

---

* 本文系为纪念顾随先生逝世三十周年而作，选自《河北大学学报》1990 年第四期。

大师太狭隘化了，缩小了。顾先生就只是这么一个作词的人吗？不是，顾先生生前曾半严肃、半幽默地和我说：“我实际是个杂家。”“杂家”，听起来似乎不太高明。但老师的这句话，我们掂掂它的斤两，“杂”，就是说老师一生的学问，无所不包，可以说不是一部文学史的问题，而是一部中华文化史的事情。不是汉魏六朝、唐诗宋词元曲，不仅仅是这个意义，我们中国的文化人，如果真想分类，那可就很难，譬如陈寅恪，你把他归到什么“家”里？我时常在想，怎么称号老师？老师自己那是谦虚，又带着一点幽默，和弟子谈心。我们不能那么办。陈寅恪先生评论王静安的时候，说这是一代文化托命之人，一代文化的命运寄托于他的身上啊！我看老师也正是这样身份的人。我在一篇文章中又曾说老师是“哲人”。“哲人”不是旧时一个文人墨客、吟风弄月，“哲人”是指他的思想高度。这不等于他就是一位思想家，建立一个顾羡季思想体系，不是这个意思。他首先是用诗人的眼来阅世，来观察宇宙、万物、人生、社会，又以诗人的心感受，以诗人的笔表达。可是他这个感受和表达的思想内容是什么？我姑且借一句成语（不大确切）：“悲天悯人”。你跟顾先生一接触，你首先感觉到他不是一个委委琐琐的小门小户小儒、小文人，他胸襟的博大、情怀的广阔，找不着一个很切当的说法，于是就借用了这四个字。你如果谈老师不认识这个方面，我认为是一个很大的损失。想申明这一点，我怎么举例子？实在不好举，姑且用零言碎句，略表一二。比如老师早期的一首词《木兰花慢》，他写当年的盲眼的算命先生，有两句我永远不能忘记：“试问一支笛子，甚时吹到明朝？”古人中只有南宋的范石湖作过这类题材的小诗。我们中华一部文学史，大概很少写小贩一类人，写穷人用某种手段，博得三升米二升豆子，养活他一家数口，大概就范石湖写过。其他我没发现。老师写这个当然也是很同情、很怜悯那个盲先生，他没有办法来谋生，他只好给人算命。你要说算命是迷信，不要提倡——我没有提倡的意思，我是说，他这样的处境，他这样的生活，他的命运，顾先生注意到了，这样写了。那么，这里的意义仅仅是像范石湖同情一个穷苦人吗？你体会体会，一支笛子，甚时吹到明朝，这是一种什么胸怀啊！稼轩有一首《生查子》，五言一句，一共才八句，顾先生在《稼轩词说》里给这一首的分量，我的感受是最重的。我读别人的著作，没有这样的感受，也受不到这样感动——我说到此就要激动，我声音要变调，眼里有泪花。"悠悠万世功，矻矻当年苦。鱼自入深渊，人自居平土。红日又西沉，白浪长东去。不是望金山，我自思量禹。"大禹治洪水，万世之功，不可计算的悠悠，那么伟大，那么长远……目前呢？太阳又落下去了，滔滔江水昼夜不息，光阴是不待人的，国家的恢复事业如何了呢？所以稼轩说，我不是在看景物啊，我自思量大禹呀。你看这稼轩写到末句，开头一个"我"字，这"我"多渺小呀，但末一字是"禹"，把"我"和"禹"联系起来，这个思想境界，不该批判他渺小了吧！我由此也深深体会到顾先生的思想境界。

我还要说，老师最爱国，沦陷期间那苦难的岁月里，我最不能忘记老师的一首《浣溪沙》的下片"南浦送君才几日，东家窥玉已三年。嫌它新月似眉弯"。送君几日，好像是不太久吧，实际是很久很久了；"东家窥玉"巧用宋玉《登徒子赋》以为比喻。

“三年”与“几日”一为呼应，就不答自明了。“嫌它新月似眉弯”，好像是写风情，这都是写亡国之痛。“东家窥玉”写的是日本侵略军，窥我神州已达三年之久，所以看着新月都很难过。新月是一弯蛾眉，古往今来，这是最美的景象，但是顾先生却用一个“嫌”字，含义最深。老师的再一首诗写北京秋天炒栗子上市了：

秋风瑟瑟动高枝，白袷单寒又一时。
炒栗香中夕阳里，不知谁是李和儿？

这个李和儿是北宋时最有名的炒栗名手，在金人攻陷汴梁后，流落到燕山，仍以炒栗子为生。有一次宋朝使臣到了燕山府，他把使臣拉住了，说我是东京李和儿，行了礼洒泪呜咽而去。一个炒栗子的怀念故国的典故，顾先生用了写成那样的诗句，你说这是爱国不爱国？这就不必回答了吧。

老师给咱们同门学长们留下印象最深的，我想不能不讲到顾先生登堂讲授这一方面。你不会忘记他那是怎样一种讲授。我不说顾先生是教育家，那太一般了，教育家，办学，不一定会登堂说法。顾先生怎样讲课？他讲课不是照本宣科，顾先生上堂之后，全副精神，全部感情，那不是说我有一点知识告诉你们，这张三，那李四；这张长，那李短；这个苏轼，字子瞻，号东坡，眉山人……他不给你讲这个，这有很多书可查的，干吗要我来啊？顾先生一上台，那是怎样一番气氛，怎样一个境界？那真是一个大艺术家、大师，他一到讲堂上，全副精神投入，就像一个好角儿登台，就是一个大艺术家，具有那样的魅力。这一方面如果不讲求，我们的教育事业要承受极大的损失。因为你首先要使学生爱听，一切精神智力都调动起来，他敞开心扉，准备接受。老师就是这样，一定要向老师学习。老师讲堂上的风范、风采、艺术——还不要说人品学问——我今天没法形容传达了。但是我们有一个热切的希望：有关的高等院校在我们这个纪念会后，能运用这个意思，使之能发生一点作用影响，希望在这方面多多地做些工作。顾先生那种讲授不是供人照搬的，也是无人能够照搬的。但顾先生那种精神大有可以学习的，要发扬发挥。这是我一点非常恳切的希望。

今天的纪念会，这样隆重，诸师友发言这样热切，出我预想之上。但一个纪念会是无法去做另外的工作的。我倡议，应当成立一个顾先生学术研究会。这是完全应该的也有条件的。我恳盼我这愿望能够实现。

以上是我在纪念会上发言的录音整理稿。当时因时间之限，欲申之意犹然未尽，今借纪念专刊的宝贵篇幅，略做补充，并对纪念会筹备组会后再编印纪念专刊的盛意表示感谢。

为纪念先师逝世三十周年，我谨赋七律一首，其词云：

哲人真际待覃思，苦水词名是旧时。
六代文心梁慧地，一池砚采汉张芝。
登堂法雨天香落，即路明驼倦影移。
节序中元秋正好，神皋草树有余悲。

这八句诗，概括了我对先师的理解和认识、崇敬和怀思。我认为，先生绝对不是一位文人词客那一类型，他实际是一位学富思深的哲人，而他的真实造诣与境界，并非一般常流所能轻易窥见，因此对他老人家的“评价”，还是有待于非常深入地精研渊览，方能定其品格之高位。旧来以“苦水词人”而蜚声宇内，也不过他的小小的方面而已。我认为他在中国文学理论批评史上的地位，可以拿“近代的刘勰”来作比。这就是我第三句所表述的意思（慧地，刘勰的释家法名）。这是非常崇高的，绝非泛泛可比。第四句则是说到先生的书法的高深与精彩，罕与伦比。

但先生的讲授艺术，同样是超群绝伦，我在第五句中以佛家的升堂说法、香花乱落为喻。然而先生并不是一个出世之人，他是入世的奋斗的自强不息者。他教导人要不断“精进”（禅家语）。他在旧时，深感于世途之艰难，他担荷着历史的重负，向前吃力地迈进，他自号“倦驼庵”，可见其意味之一斑——这就又是我诗中第六句含义了。

他是一位极出色的大师级的哲人巨匠。这样的人，我们应当给以崇高光荣的称号才是，可惜我国还未能考虑这方面的事。（有关部门在评“十佳”这，“十佳”那，以至“艺术大师”等等，倒很热衷。这也是我们目前的一种文化形态吧。）国家之光，民族文化之瑰宝，所应得到的重视与荣誉，是应该大大超过先生之所已得的方为合理。

先生是一位真正的诗人，而同时又是一位深邃的学者。在一般情况上讲，此二者是很难兼备，甚至相互矛盾、彼此“不利”着的两大“文化构成因素”。但先生实实兼具两长双美。所惜者，先生的学者的这一方面，知者更鲜了。这是我常常暗自感叹的一桩事情。

我与先生通信，始自1941年侵华日军解散燕京大学之后。直至先生逝世前，基本不曾间断。抗日胜利以后，我重返燕园，记得先生书札中话及，希望我做个作家，而不做学者。当时我虽然在诗词研究与写作上正处于旺盛阶段，但生性又喜欢探讨学术。听了先生那番话，还不能充分理会其间深意，以为大约先生见我还有一点创作才能，这种人比那能写几篇“论文”的人更少更可贵些，所以那样勉励我。但到新中国成立后，先生自己的韵文创作已不像前期那样富有，而显著地转向了学术研究这方面来了。他的研究课题与计划，我是曾经略知一二的。在先有“章草大系”一目，统研中华文字书法的全史。后来有《红楼梦》的大型分章全讲，草目都写给我了。(不幸随后因故都未能全部完成。部分遗稿又毁于十年浩劫之中。①) 但是自从50年代前期起，先生与我通信忽然进入了一个奇迹般的发展阶段；此阶段中，先生因书札往还生出的许多讨论主题，引发了先生的兴致，其多年的积学深思之未宣者，却以此际的兴会与灵感所至，给我的信札竟然多次“变成”了整篇的论学研文说艺的长篇论文，全部都是格子纸亲笔精写，其文章与字迹之美，使我加倍地爱不释手。这些“书札论文”，所涉之层面至为深广，可说是先生为文治学的成熟期的一大迸发与结晶——也就是说，先生平生的后期，已然做出了一位高深学者的贡献。甚为重要，岂待烦辞。

① “部分遗稿”即《说〈红〉答玉言问》之未完稿。“文革”中虽被抄没，幸为有心人收存，未至流失。

不幸的是，这些无价之宝，因60年代先生在津门的高、孙两位门弟子，欲为先生编印文集，向我索去（当时并无复印和清缮的条件）。从此，这一批瑰宝，遂不可踪迹。我努力追询，也无结果。这是先生和后人的极大不幸，也是中华文化财富的一大损失。每一念及，五内焚灼。由我的处置不善，而致此损失，我的责任感始终在鞭笞我的心之深处。

当我还在四川大学外文系教课时，先生已然被天津的师范学院请去任教了，先生尽了最大的努力，想争取调我到他的身旁，但因人事关系作梗，川大也不肯放行，未能如愿。后来老师才对我讲出心事：他有一桩蕴蓄已久的宏伟的学术计划，想与我共同完成，因难到一处，而深致叹慨。先生的这项计划，并未向我宣明主题旨趣，以我臆断，大约是一部可以继《文心雕龙》之后的性质规模相类似的研究著述。由于先生过早地离开人世，这个令人空付想望的计划也就化去。每一念及，辄深痛惜。

鲁迅先生论文论学，教我们一定要重那个“全人”，而不许“取舍”“抑扬”致离真实。我常想，先生的“全人”与“真实”，几人能知？谁有资格来做一次较为实际的评价与介绍？这件大事自然受业门人责无旁贷，何况我是与先生“通信受业”历史最久的一个特例，似乎理应有所作为，方不负先生的一生心血与情义。但我此刻，所讲所写，不过如此粗略浅薄。抚膺自揆，惭疚难言。

谨以此文，献于先生灵前。其余拙意已见于《苏辛词说·小引》（收入拙著《诗词赏会》前编），即不复赘。

受业周汝昌谨述

庚午秋明之日

顾随先生诞辰百年感言*

周汝昌

顷悉，北京师范大学、河北大学、北师大校友会、辅仁大学校友会联合举行顾随先生诞辰百周年的纪念盛会。既闻此讯，欣慨百端，悲喜交集。我有幸从先生受业，所获教益、奖励、爱护、关切、期望，种种恩情，没齿难忘。值此盛会前夕，感怀万千；谨献短言，略抒深悃。

先生姓顾氏，讳随，字羡季，河北清河人。生于1897年2月13日，平生尽瘁于教育事业，为京、津及河北多座高等院校之名教授，传道授业，异于常师，凡曾置身于先生讲座中者，无不神观飞越，灵智开通，臻于高层境界，如坐春风，如聆仙乐——盖先生实乃一位特异高超的教学艺术家。教学并非一种通常的职业或工作，不仅需要学术道德，而且兼通教学的特殊方式，而此方式，实质是一门艺术。先生的讲授，能使聆者凝神动容，屏息忘世，随先生之声容笑貌而忽悲忽喜，忽思忽悟，难以言语状其出神入化之奇趣与高致。

是以先生弟子满天下，而欲传先生之精神丰采之佳文却总难多见。此殆如孟子所云，“非不为也，是不能也”。兴言及此，曷胜叹慨。

---

* 本文系为纪念顾随先生百年诞辰而作，选自《顾随先生百年诞辰纪念文集》。

然而事须循外以探内，由表以及里，先生何以成为近代罕逢的特异教学艺术大师？端由先生本人一身兼多面才能资质：约而言之，是诗人，是词人，是剧作家，是文学理论家，是文学评论家，是大书法家，是京剧艺术的特级鉴赏、表现、评论专家……他老集如此众多特长于一身，神而明之，大而化之，真所谓高士通人，无所不能，无所不精——然后而缔造成为一位难以俗常“名目”来称呼的大师！

先师早期以创作为主，诗、词、曲、剧、小说，曾有多种成就，不以学者面貌示人。至后期则所蓄极厚，乃始发而著述，多为长篇论文，论诗，论翻译（先生本科是英文系，不只精于汉文），论文体，论小说，论书法——无不精绝。每论一事一义，皆有独到的心得，超俗的创见，令人心折，令人拜服，令人灵智豁通而升高，得大惊奇，为之欢喜赞叹不已！

先生往矣！然神明心血，遗在人间。此次盛会，并有丰富的展品，多展先生手迹，美不胜收，实是中华优秀文化之无价瑰宝！

我辈后生，应如何继承先生一心培育人才的事业？如何光大先生的学术文章？所望时贤来哲有以思索而实践之。

苦水词人*

周汝昌

苦水，先师顾随先生的早期别署。那时北京（一度称北平）的文人学子，无人不知“苦水词人”的名气。他以词曲最为擅长，但诗也毫不逊色。他为何自署“苦水”？自然寓意有在，但我揣度这和燕京大学有关联——他在燕大教“词选”课，燕大的文件皆是中英文并列，于是先生的名字便写作“Ku Sui”（旧拼法，不作“Gu Sui”）。这个发音就很像“苦水”了。

苦水先生是够苦的，他家口多，薪水薄，生活清苦，为了养家，须在几个高校兼课，奔走不停。

大约就是因此之故，后来又号“倦驼”。骆驼在沙漠中行走长途，未闻其“倦”，而先生以倦行之驼自喻，其“苦”亦可知矣。

记得先生的一首绝句写道：

煨成薯芋如软玉，嚼来萝卜似甜冰。
半年不吃肉边菜，惭愧西山入定僧。

他不说“菜边肉”，而掉转过来说“肉边菜”，这滋味浅人是难知的：盖清贫之家不能常有肉吃，馋了也只买一小块炖炖，专为烩

* 选自《红楼无限情：周汝昌自传》（北京十月文艺出版社 2005 年 3 月出版）。

白菜吃，取那点儿肉味而已，故仍以菜为主眼，肉只是个“配角”，此“肉边菜”之真谛也。

每诵这样的貌似幽默的句子，辄深感慨：做个高级知识分子如先生者，也如此不易为生。

我平生受知于先辈诗家学者，屈指可数十几位，而唯独先生对我的垂青异乎寻常。他写信给友人时，曾说有周玉言（拙字）者是我平生得意弟子，并注明云：他中外文皆通，文言白话都好……

沦陷了，精神痛苦已极，我的母校被日寇封闭解散了，我在津沽老家“暗室”遁居，逃避汉奸的搜索。每日写些忧愤激烈的斥敌爱国的诗词。因与先生鱼雁唱和，竟蒙不弃，有信去必即赐复——那一笔美极的行草书已令人爱不释手，再加上时有佳句录示，简直是我的“超生福音”，冉冉而降。

从此，与他结为超越师生的深交。我们信里不敢提念故国，而只以燕园为代词，他总是提到“燕园罢讲”（有时也说作“郊西罢讲”），中含无限伤心念国之深衷。可惜我手录的一册《燕园集》，“文革”时毁掉了，全不记忆了。我有一首怀燕园的古体歌行，想象一位燕大老工友向我诉说封校后的悲凉情景：“蒿莱掩径，狐兔奔窜……”那“狐兔”当然是指占据燕园的日军和汉奸“学者”。

我在家苦得很，为了自遣，写温飞卿词的笺注稿，先生特书绝句数首为赠。记其二首云：

北风卷地扑高枝，岌岌吾庐尚可支。
我有一言君信否：谋生最好是吟诗。

抱得朱弦未肯弹，一天霜月满栏杆。
怜君独向寒窗底，却注虫鱼到夜阑。

先师的手迹，我珍如至宝——很多是他的诗词、论文的草稿，至为名贵。不知何故，搬家之后，一批册页、书画、信札，皆觅之不见了（另有多篇学术论文手稿，被津中某人骗去不知下落）。这是我的最痛心的一件不幸和灾难。

先生在沦陷时的一首小词最难忘记：

（上半略）南浦送君才几日，东家窥玉已三年。嫌它新月似眉弯。

此“东家”，明斥侵略军。亡国之痛如此，今日谁复知之？

先生晚期又号“糟堂”。

他也是西语系出身，但课堂讲授，讲到外文的诗，与中华的相较，时有妙语，足以解颐。

如有一次他说：西洋诗为表感情激动，一开头常就是一个“Oh”！这一“Oh”，可就糟了！——逗得学生大笑。其意是说：中国诗人是不采用这种浅露乏味的“方式”的。那味儿很不相同。

又曾讲，西方讲文学重在“描写”，即所谓“description”（细节刻画，琐琐外貌……），这就又与中国两途，中国高级文学不讲外表形似，专讲神韵丰采……我这样写成“文字”，就没趣了，在他当时“上堂说法”，那真是音容笑貌，精彩百出。

名师上堂，正如名角登场，你没见过那种精气神，一招一式之美、一音一字之妙，只看“书面记录”和“回忆录”，那又有什么用？真是百般徒唤奈何了。

名师已往，永怀难忘。他是河北清河人。他在20世纪40年代末，大病一场，我到成都华大、川大后，我们极爱东坡的《定惠院海棠》诗，先生和韵寄来，我即步韵。如此往复数次。今犹记他一句：“自古诗人皆远游，射鱼正尔合居蜀。”（射鱼是我早年的别署，因为清代诗人题咏咸水沽有射鱼的词句）

病后调职津门，我亦回京。但未获一面，先生辞世。此前他百计想调我到津，与他合作一桩胜业（虽未明言，料是研著一部中国诗论大系的巨制）。

此愿未酬，先生长往矣。

先师之逝，未免太早了些（只刚交1960之年），以致大业中折，难以为继。可是又一转念，“文革”一起，把先生家抄得片纸不存。他若还在，岂不太觉难过？早逝几年，又是有幸了。

先生进入新社会后精神焕发，诗词一改前境，皆奋进之壮语。最幼女公子入党，喜心翻倒，特意来信告知于我。

老教授一腔热血，满腹经纶，文采过人，书法绝代，这是真正的国宝。

我写过几篇缅怀先生的文章，这一次是想补充几句，草草而书，笔不足以表先生于万一，载怀载愧，尚冀异日再有所言，以续不足。

诗曰：

天下诗人江鲫多，先生一语挽银河。

平生知己论师友，最忆清河一倦驼。

2000年10月25日写讫

《顾随致周汝昌书》序*

周汝昌

面对这一册苦水先生之书信集，思绪万千。要把我所要说的话大略梳整一下，那也得一部专著，此时此刻，写此短序，焉能尽其万一，而且我提起笔来也不知该从哪一点、哪一面谈起为是。一句话，我的回忆和感想内容既繁复又零乱。

我从1941年之年底冒昧写信给先生，因不知地址只好把信寄到辅仁大学，没想到次年之春便接到了先生的复函，从此以后直到先生谢世，除去政治运动和先生患病等特殊缘故之外，我和先生的通信未尝停断。每接先生一封赐函，皆如获珍宝，经过“浩劫”，许多名流大儒的手札，如涵芬楼主人张元济，如中西贯通文史大师钱锺书诸位先生的赐函手迹皆遭散佚，唯独苦水先生的这一批珍札奇迹般地保全下来，此中似有天意，非偶然也。我所谓天意，大略如佛家所言，冥冥之中自有因缘，似不可解而实以历史条件之所安排也。连我自己也不敢相信这是事实。古人尝云：求师难，寻徒也不易。先生把平生一大部分时间心血花费在了给我写这样的信札，可以说明先生门墙桃李遍天下，确更无第二人能得到先生这般的赐予，这是第一层。

---

* 《顾随致周汝昌书》，赵林涛、顾之京整理校注，河北教育出版社2010年3月出版。

接着我就又想，先生写给我的这些珍札，说是为了我个人，自然不差，然而这批珍贵文献的真正价值却远远超越了我们师生二人之间的种种情缘和文学艺术，乃至中华大文化的多个方面的相互启发讨论，这一点，如果是我个人有意地夸大，那自然是我的言过其实，但我总认为早晚会有具眼有识之士会认可我的那种估量。今天的读者也许很难想象产生这批书札往还的时候的真情实况，我们师生二人的国境、家境、物境、心境，都是什么样的。那恐怕也同后人读“二十四史”那样陌生而新奇，甚至不敢置信了。

1942年年底，我给先生寄去一信致以问候，不久先生就写赐五首绝句来，其末一首云：

抱得朱弦未肯弹，一天霜月满栏杆。
怜君独向寒窗底，却注虫鱼至夜阑。

至今每一读诵，还是万感中来。

我得到羡季师赋五绝句相赠，感慰难名，亦用五章报之，其中二首云：

一回书至百回看，冉冉风烟岁已寒。
除却赠诗才几字，若行读不到衰残。

谋生最好是吟诗（师句），诗里真心几个知。
旷代更无郑笺手，飞卿终古枉填词。（时方作温庭筠《菩萨蛮》注）

我注虫鱼的深夜是什么照明的工具？就是一盏小油灯，古云“一灯如豆”，真实不虚，那点微弱的灯光只有黄豆大小，而我伏身在一张炕桌上，写那细如蝇头的小字。有一回，父亲见我还未休息，进屋来见我那种情景，只说了一句话：“你这么写，不就把眼弄坏了吗?”说完感叹而去。回想起来，我那时不是不知爱惜目力，而是无从爱惜目力——以至今日我的双目坏到如此地步而为先生的遗札写这样拙陋的序言，除了我的文化水平之外，我的眼睛也与我的心灵一样，说是万感中来，自问这种言辞与一般常见的陈言套语是没有上述时代经历的人能够容易体会的。

先生书札中所涉诸般学问丰富精彩不可胜言，本应随我管见，略加讲疏，惜乎衰残年迈，目不见字，手不成书，谨能以此数行芜词表我微悃，心所难安，复何待言，幸方家读者谅而恕之。

小诗云：

先生书札与谁亲，惭愧村童得保珍。
岂独三生私有幸，中华文化待传人。

戊子夏至后受业周汝昌拜撰

北京大学

《苦水作剧》题记二则

吴晓铃

其一

月之十九日与卫平海潮二兄往访夜漫漫斋主人，谈甚洽。时天阴，俄而雷雨大作，吾三人欲返而又势不能辞出也。后羡季师以近作见赠，稍坐乃冒雨行。途次无代步可觅，且趋且止，衣履尽湿，因语二兄曰：“此可谓‘得不偿湿’矣。”相与莞尔久之。

廿六年六月廿一日　晓铃志

其二

此书余有一部，系二十年前羡季师所贻，今于西单复见此本，以前有师亲书所作词，因复收之。师逝已二载，展卷为之唏嘘！

吴晓铃　一九六二年三月

辅仁大学

顾随老师对我的训诲*

朱家溍

1937年，我进入辅仁大学国文系念书。从此我离开数理化的困扰，可以快乐轻松地读书。

辅大国文系到二年级开始分组，甲组是文字学组，乙组是文学组，两组各有相同的选修课和不同的必修课。甲组的人少，男女生共八人；乙组则有数十人。我分到甲组。

顾随老师的课对于甲组来说是选修课。我在上大学以前，景仰顾老师已久，所以当然要选顾老师的课。顾老师对于诗、词、曲和哲学的研究成就和诗、词、曲的创作水平，在这里都无须我来赞颂，我只想把牢牢记住不忘的老师对我的训诲谈一谈。

我在顾老师班上够不上好学生，有寄给家长的分数单为证。我在顾老师这门课所得的分数总是“B^-”，所以只算一个中等的学生。人们回忆过去的事常常对于第一次印象很深，我也是如此。我第一次把填词作业送给老师看，记得有这样的句子：“御沟西，宫墙柳，寒枝瘦，曾记娇黄染袖……”，还有一个小令《荷叶杯》：“隔院遥闻笙管，魂断，低唱袅晴丝……”老师说：“你用的辞藻都是古人用过的，这是对的，你正在学填词，就是要多记古人的

---

* 节自《中国文博名家画传·朱家溍》（文物出版社2003年12月出版）之“大学时代”，题目为作者自拟。

辞藻，当你用在描写某一种心情、某一样景物的时候，自然能够和恰当地知道该用什么样的辞藻。以你填的词来说，‘寒枝瘦’来形容柳树是不恰当的；‘隔院遥闻笙管’，既是‘隔院’，又是‘遥闻’，当然是相当远了，怎么又是‘低唱’呢?”

第一次送诗的作业，记得题目是《岁暮述怀》七言律诗一首，八句诗经老师修改了六句，只剩下第三、四句是：“映日窗冰千岭雪，西风卷地一阶尘。”老师说：“这两句还不错，是北京腊月的景象，很少见有人这样写，但这首诗的问题在于有景无情，既然题是《岁暮述怀》，不管是真是假，就是假怀也要述两句。”以上是当时老师的原话。关于学作诗填词，老师不止一次说过，学生学作诗填词，先不要听信有些高论，说作诗填词首先要有新的立意，要创新。这话本来是对的，但不是学生阶段的事。你们现在学作诗填词，首先是读书，一定要知道应该背诵的书，如《诗经》《楚辞》《玉台新咏》，至于《全唐诗》要全部通读，当然不能全部背诵，但有一部分也必须背诵。可以从《全唐诗录》中选择背诵，唐诗中要有千首以上能背。宋元明清的诗也要浏览。学填词，如果说只要求学会，那很简单，你把清人万树编的《词律》二十卷通读一遍，就可以算已经学会了，但尽管你知道了某一个调子怎样填法，可是你肚子里空空如也，拿什么填，所以也必须能背诵若干首古人的词，才有资本填词。现在也有很多人反对背诵，说什么“死记硬背”没有用。我认为背书根本不存在什么死和硬的问题，譬如你喜欢的作品多念些遍很自然地就能背诵。我从来没有死和硬的感觉。个人词集传世很多，时间不够用，也可以不读，只读词选也够了。后蜀赵崇祚编的《花间集》十卷是最早一部综合诸家的词选，唐末名家有些词仅留存在这一部选集里。宋人编的词选当中我认为最好的要算周密编的《绝妙好词》七卷，选有宋人词一百多家，选择很严谨，有些宋人词集早已失传，其姓名、作品也仅仅存留在这部选集中。清人查为仁和厉鹗为这部选集所作笺注更便于初学。明人陈耀文编的《花草粹编》二十二卷选有唐宋元人的词，内容相当丰富。这部选集很大的优点就是每一调有原题的必录原题，有本事的也说明本事，遇有稍冷僻的必说明采自某书。以上三部词选应该是必读的，选择其中有自己喜欢的多念几遍自然可以背出来。近人编的选集有胡适之编的《词选》也很好，平装一册，随手翻一翻很方便。此外，还应该说说，清人朱彝尊编的《词综》三十四卷。这部选集收入唐宋金元词五百余家，选择精严。在各专集和诸选本之外，凡笔记杂谈中有应录入的词也不排除，所以有不少词是其他选本未见之作。还有些词在其他选本中把词名、句读、姓名弄错的他都加以订正，所以这部选集应该通读一遍。还有康熙年间沈辰垣等人奉敕搜罗旧集，录词自唐至明一千五百四十调，九千余首，定名为《历代诗馀》，包括词人姓氏十卷，词话十卷，共一百二十卷，可谓前所未有集其大成的词选。这部书应该一目十行地粗读一遍以广眼界。它和《词综》都属于备查的书。学作诗填词照着我所推荐的书，分别背诵、通读、浏览，不同地对待，这样读书之后，肚里装进若干名篇秀句，到时候不论作诗填词，自然思涌珠泉，情抽蕙圃。

在课堂以外和老师见面，除交作业恭聆教诲以外，老师还喜欢谈戏，常常是谈不了多久就把话转到杨小楼，有时还大声学杨小楼的念白。老师对杨的表演艺术已经由欣赏到了崇敬的程度，曾说过："杜工部是诗圣，杨小楼可称戏圣。"杨先生是1938年春节后农历正月十日逝世的。1937年，日本侵略者尚未占领北平的春天，杨先生在长安戏院演出一个较长的时期，顾老师在1938到1940这几年里每谈到杨小楼时总爱反复谈这一时期所看的戏。自1938年的秋季开始，辅仁大学成立课余的组织"辅大国剧社"，有一次我主演《长坂坡》，扮演赵云，是学杨小楼的，老师看过之后认为不错。后来，又看过一出《镇潭州》，我扮演岳飞；一次《落马湖》，我演黄天霸。还有两次是和名演员合作，由刘砚芳演黄忠，我扮赵云，合演《阳平关》。另一出勾脸的戏《拿高登》，老师看过之后说："好！有杨小楼的神韵。"我听了老师的夸奖，当然很高兴，但过后分析，老师对我的诗词作业的评语，常常是"不露怯""不俗""很像样""不错"等等，都属于夸奖的评语，但从来没有像看完戏之后那么干脆说一个"好"字。我分析老师对于我的诗词作业的评语和"B^-"的分数是符合的，也就是说，我的诗词作业比不上我演的戏。我这样设想，如果诗词能够得"A^+"，大概口头评语就会出现"好！有宋词神韵"。这是当时我的幼稚的思想活动。

当日老师的训诲，还有关于写字执笔方法的一番话，也是我至今记忆犹新的。因为我每次交作业都是用红格纸墨笔楷书，这一点曾得到嘉许。有一次在老师家里谈起写字，老师说："看你的小楷大概是经常临《荐季直表》，虽然这是正道，但石刻拓本看不出笔道的起落，可以参考唐人写经，你买一本影印的《唐人写妙法莲华经》，多看看，自然会有长进。"当时桌上有纸和笔墨，老师说："你写几个字，我看看你怎么拿笔。"我当时提笔写了几个三寸大楷。老师说：“悬腕用不着手臂抬那么高，我知道十个人有九个人都是这样，这叫‘傻悬腕’，除非是写匾额大字需要腕和肘同时高抬。你刚才写的这几个大楷，等于没使上腕子的劲，反而是用肘在对付着写。譬如这么大小的字，只需要手腕离开桌面就行了，肘抬得比腕要略高，竖掌，这时候重心就落在腕上了，然后运腕自然可以圆转如意。譬如再小一些的字，同样可用这个办法，不排除手腕在运转过程中有时也会接触一下桌面，这不要紧，只要你不是手腕紧紧死贴在桌上就行了。我从前也是‘傻悬腕’，后来看过沈尹默先生写字才懂得怎样悬腕。”我自从听了这番教导以后，留神观察，有不少已经号称书家的先生们也还停留在“傻悬腕”的阶段。

我和顾老师在一起的日子，是 1938 年到 1942 年。1942 年的冬天，我就离开沦陷的北平到抗战的后方重庆。1945 年日本投降。1946 年，我回到北平故宫博物院上班，每日忙忙碌碌和学生时代不同了，也就很少有机会和顾老师见面。等 1949 年[①]后顾老师到天津，从此一别就再也没见了。

① 当为 1953 年。

先生之风　山高水长*

卢绍真

30 年代末，北京正值沦陷时期。许多同学奔向后方抗日，不少青年奔向延安圣地。当时北京辅仁大学不受日本人管制，又有陈垣、沈兼士、英千里、顾随等爱国教授任课。因此，我于 1938 年秋就读于辅仁大学中文系。

顾随老师担任中文系古文和诗词课。他身材瘦高，爱穿长衫，衣着朴素整洁，常常面带微笑潇洒从容地走进教室。老师讲课生动深刻，不但深受中文系同学欢迎，而且外系同学也来旁听，教室座无虚席，甚至不少同学站在教室外边认真听讲。听老师讲课意味深长，真是一种优美的崇高的享受。

顾老师学识渊博，谈吐含蓄，课堂气氛非常活跃。课前，常板书一两句诗词，带领同学领会诗人的思想感情，从而探讨人生哲理，并激发同学们的爱国情绪；有时也讲些生活趣事，再引入正题。一次，讲北京季节特点，突然板书一句：“冬日，冻柿与花生同食最佳。”我想老师必然在冬天亲自品尝了冻柿与花生同食的美味，才得出“最佳”二字。我觉得很有趣味，敬佩老师这样富于生活情趣，更敬佩老师对事物多方面的观察与鉴赏，所以他所讲的内容能经久不忘。

---

* 选自《顾随先生百年诞辰纪念文集》。

难忘顾老师启发我学诗词。讲元曲时，老师很欣赏“一半儿”曲牌，并将自己所作写在黑板上：

> 楼前山下影模糊，恰似烟熏水墨图。舞断长条柳未苏。有春无，一半儿狂风一半儿土。

老师所作，写出了北京春天的特色，读后，如亲临其境。然后让同学们用“一半儿”曲牌填词。那时我还没掌握曲的平仄和格律，只好勉强填上两首：

> 姑娘家住小红楼，能歌善舞好打球。那日同她古寺游。语温柔，一半儿憨厚一半儿羞。

> 风和日丽去长城，莫问高低路不平。但闻大家笑语声。野餐精，一半儿大葱一半儿饼。

交卷后，我自知谱曲应当格律严谨，内容应当抒情含蓄，而我所作却是大白话，好像打油诗、顺口溜，心里惴惴不安。下次上课，老师讲评习作，首先赞美同学们精彩的作品，又说：“曲选材广泛，内容丰富，不必拘泥于幽怨哀情，可以写自己的实感，也可以写生活中的真情。”老师这时竟举起我的习作，上面画着鲜明的红圈，说：“这两首就很好。”老师这样表扬我，真是意外，也很惊喜，从此我对曲产生了浓厚的兴趣。正是顾老师鼓励我走向诗词，启发了我对诗词的喜爱。

难忘顾老师指引我迈进元曲之门。光阴荏苒，大学四年即将毕业。写毕业论文是我当时面临的一大难题。顾老师亲自为我设计了论文题目《元曲选中所见的元代风俗》。虽然有了论文题目，可我惶惶然不知如何下笔。于是去请教老师。他沉默不语，考虑片刻之后，望着我和蔼地说："先通读元曲，再逐字逐句认真阅读，认真择录。"我开始阅读元曲，但如何认真择录，仍不得要领，再次请老师辅导。"你一边读，一边做笔记，记录下来他们穿的是什么，他们吃的是什么，记录下来他们的起居饮食和风土人情，再加上介绍和评论。"顾老师不厌其烦地反复地对我说。老师对学生如此耐心教导，我敬仰爱戴之情不禁油然而生。遵循老师的指引和启迪，终于完成了我的毕业论文，并得到老师们的好评。在做毕业论文的过程中，老师使我丰富了知识，提高了我阅读和写作的能力。

顾老师才华卓著，深谙中国文学的精华，对同学循循善诱，教导有方。半个世纪以来，老师的音容笑貌经常浮现在我的眼前。他的可贵的思想品质永远铭刻我心：

人事依稀世变迁，几度沧桑易良田。
先生光辉曷灿灿，高山仰止永绵绵！

缅怀顾随先生*

张学礼

在我的学习历程中，给我印象最深刻的就是顾随先生，他对学生循循善诱，总是认真地执着地教导我，鼓励我，使我终生难忘。

先生学识渊博，中西贯通，教学有方，善于用启发式的教学方法，更善于比喻；诗、词、曲无一不精通，而且著作等身。在日本侵略时期，先生教育我们如何做人，激励我们的爱国热忱，只要先生讲课，教室内外均有人满之患。先生在分析作品时，以先生自己的感情、认识来讲作者的人格、思想、感情、遭遇等，经常也把他自己的著作介绍给我们。例如：我读了先生的著作《苦水作剧三种》中的《飞将军・一煞》"刀断颈、箭穿胸，将军殉战三军痛，生来不带封侯相，死去犹能做鬼雄，非蛮横、你看俺名昭白日、气贯长虹"，体会到这支曲子有头可断、血可流、江山不可丢，为祖国、为人民虽死不辞的决心，就是尸裹沙场，也要前仆后继、报仇雪恨，势有气吞山河、心照日月的英雄气概。这表现了先生的坚贞不屈的民族气节。我感受很深，受益不浅。

听说先生的书法师从沈尹默先生。先生任教三校（燕大、辅大、中大），教育教学和文学研究工作繁忙，又年老体弱，但先生对书法深入钻研、勤学苦练，甚至于青出于蓝。先生的书法自成

* 选自《顾随先生百年诞辰纪念文集》。

一家。先生的楷书工整秀美，如苍松翠柏；行草潇洒神韵，如行云流水，都令人爱不释手、深深敬佩。

记得在北平沦陷时期1942年的一天，先生瘦高个儿、穿蓝布长衫、戴着褐色框的眼镜、态度严肃而慈祥，缓缓走来上课，随手抱着一摞书（他自己的著作），讲完课，先生深沉地说："为了帮助解决储皖峰先生丧事的困难，大家凑点钱，表示一点心意，这里我写的书，同学们有愿意买的，可以来拿。"于是我买了一本《苦水作剧三种》。先生还亲笔给我题了字（沈尹默的诗"青杨叶大海棠稀，无数丁香作雪吹。几日风狂春色减，一帘新雨绿滋滋"）和款识。以后我每次看到这本宝书和那挺拔遒劲、二王风格的书法就如同重聆先生的谆谆教诲。

当时沦陷时期物价飞涨，教师工资微薄，先生家里人口多，经常布衣素食，甚至有时菜钱都困难，出行总是挤电车。他自己生活如此拮据，还要帮助别人，这种克己待人、助人为乐的高贵品质使我永远不忘，也是后辈们应该学习的。

先生给我的教诲深远，1943年我从辅大中文系毕业，拜别了先生已半个世纪，我已退休多年。在三十多年的教学生涯中，我努力把爱心奉献给学生，可我做得不够，我缺少如先生的高尚品德和博学多能，辜负了先生的期望。

恭聆词曲记犹新，学识渊博贯古今。
悲天悯人心似海，参禅学佛目无尘。
登堂旁征善博引，启示爱国多热忱。
愚顽无能负师教，心香悼念颂百辰。

感召　感受　感恩*

苏令娴

初夏的北京，风和日丽。我有幸参加了纪念恩师顾随先生百年诞辰的盛会。会上，聆听了各位学长的发言。发言发自肺腑，感情真挚深厚，令我感佩，也更加激起我缅怀恩师的深情。我很想写一点纪念文字，但遗憾的是当年跟从顾老师学习时的多少往事如今手头上已无资料可寻，只能根据自己的记忆和亲身感受，来抒发一些感怀，聊以表达我对顾老师深深的怀念和崇高的敬意。

曾记得顾老师给我们上唐诗宋词课的情景。他那抑扬顿挫的声调，全神贯注的神态，旁征博引的内容，深刻精湛的分析，一下子就把我们带入了古人的作品中。老师引导我们去领会诗的意境和诗人的心境。他带着我们走进古人的心，又从古人的心回到今人的心。听顾老师的课是崇高的美的艺术享受，是感受深刻的思想品德教育。在老师的熏陶下，我们很多同学都非常喜欢诗词。我们常在课下凑在一起写诗填词，互相切磋琢磨，并请老师帮我们批改。我自己就是一个诗词曲的爱好者。顾老师的课使我受益匪浅。

曾记得顾老师平易近人，谦和谨慎，艰苦朴素，豁达开朗。当年老师来上课，走进教室总是穿着一身干净的旧长衫，和蔼地

---

* 本文系为纪念顾随先生百年诞辰而作，选自《顾随先生百年诞辰纪念文集》。

向同学们点点头。冬天，老师爱穿皮袍子。走上讲台，脱下皮袍，打开布包，取出书、讲义开始讲课。当时的北平，正处在日本侵略者的黑暗统治下。老师对祖国的满腔热忱，对日寇的满怀义愤常随着他的讲课深沉而含蓄地表达出来。老师讲古人而结合当时的实际，我想这也就是我们现在常说的"古为今用"吧。老师讲宋词，非常推崇辛弃疾的作品。老师讲辛词的名篇《破阵子》时，特别强调了"沙场秋点兵"的"点"字，引导同学们领会当时抗金英雄们威武雄壮的军容军威和高昂的战斗意志；讲"赢得生前身后名"，就更加激励了我们抗日爱国的热情。老师难道只是在讲古人的诗词吗？我们受到的正是全面而深刻的爱国主义教育。他的爱国热忱、他的民族气节深深激励着我们。从老师那里我懂得了如何热爱国家热爱工作热爱人生。顾老师以他崇高的人格魅力，影响和教育着我们年轻的一代。这些都使我受益终生。

曾记得老师生动活泼的启发式教学方法深受学生们欢迎。老师对我们的诗词作业都是认真审阅详细批改，有时还在课下为我们当面批改作业。这些都大大地激发了同学们的学习积极性，提高了我们作诗填词的质量。我从事普教事业四十年，当了一辈子中学语文教师。在长期的作文教学过程中，常常想到顾老师对我们的启发诱导。对学生的作文，我除了详批细改外，还摸索出了一套当面辅导学生作文的方法。当面辅导便于了解学生写文章的思路，便于启发学生对自己文章的分析认识。我用当面辅导的方法，启发并调动了学生作文的积极性，有效地提高了学生的写作质量。这是和顾老师启发式教学的潜移默化分不开的。

我从 1943 年毕业于辅仁大学中文系，到现在已经五十四年了。在校时许多往事已记忆模糊，而几位老教授的音容笑貌还有时浮现在眼前，顾老师的身影最为清晰。在老师崇高精神的感召下，自己受到的教育也最为深远。我今虽已七十五岁，退休将近十年，但老师的身教言教永远是我的一面镜子。我当在有生之年，努力充实自己，不断提高，以慰恩师在天之灵。

感恩（调寄《诉衷情》）

顾师教诲情深厚，雨露润心头。传道授业解惑，桃李遍神州。　造诣深，心血呕，芳菲留。哲人其萎，音容犹在，垂范千秋。

顾老师，我怀念您*

周敦淑

我1939年考入辅仁大学教育系，1943年毕业。四年中在本科和选修课上，接触过不少老师，讲课印象随着时间的流逝，大都已模糊不清，唯独顾老师您亲切的音容笑貌，至今仍记忆犹新。

老师您学识渊博，功底深厚，中英文都好。您讲课时旁征博引，重点突出，把课文讲得透彻，引人入胜，使学生理解深刻，深深地潜入脑海里，融为已有，终身受用无穷。我这三十年语文教学旅程，就是踏着先师您的步子走过来的。

在作文课上，老师您出题后不像其他老师那样主观地设计框架，叫学生依样画葫芦，却鼓励我们开动脑筋，自由发挥。在您的谆谆教诲下，我们当时脑瓜子还真灵，大伙儿提起笔来都真像一江春水奔腾在大自然的山花野岭之中，洋洋洒洒，挥动自如。

老师您对我们作文批改十分讲究，您既善于对症下药，又能不惮其烦地精雕细琢。每看一篇作文，开始有眉批，文后有总批，临发卷时还有面批，您既给我们指出了优缺点，还给我们下次作文时指明了前进的方向。如此循循善诱，在您的熏陶下，原来不爱写作的也逐渐喜欢作文了，原来喜欢作文的就更甭提了。四年后，凡是听过您的课的人，很多过去不爱作文的都一跃而成为热

---

* 本文系为纪念顾随先生百年诞辰而作，选自《顾随先生百年诞辰纪念文集》。

爱写作的人。

我本来喜欢作文，从听顾老师您讲课之后，很受启发，就更爱作文了，除本科两周一次之外，还每星期多写一篇，请老师您修改，您不辞辛苦帮我批改，一字一词，甚至一个标点符号您也从不放过，有几次您高兴时还在批语下署名“苦水”。可惜几经动乱很多篇都丢失了，目前尚存有几篇珍贵的保存在我身边。

时光迅速，我从辅大毕业已经五十多年，由一个健康的青年，变成一个年老多病的人。每当我翻阅旧作时，看到老师您遒劲的墨迹，读着您那些殷切中肯的评语，不由得使我怀念起您当年授课时的情景；恭逢您百年诞辰，更让我对您深深地怀念。这些往事我将铭刻在心，永世不忘。

1997 年 6 月 4 日晚

深切缅怀顾随老师*

李步云

1941年暑假，我考入辅仁大学国文系，在大二时，我们班的唐宋诗这门课由顾随老师担任。我们听高年级同学说，顾老师学贯中西，更擅长诗词曲，讲课生动，引人入胜。我们又听说老师是从燕京大学来的。日美太平洋战争爆发后，敌伪政权关闭了燕京大学，顾老师不肯去日本掌握的伪大学教书，就来辅大了。这表现了顾老师的民族气节和爱国思想，我实在敬佩之至！我怀着崇敬的心情来听老师讲课。

顾老师讲课，形象生动，他吸引了我们。在讲李白的《听蜀僧濬弹琴》这首诗的“蜀僧抱绿绮，西下峨眉峰”时，老师一边讲，一边两手像抱着琴，低着头，微微哈着腰，像下峨眉峰一样向讲台的一边走去。这个生动的形象至今仍深深地印在我的脑海中。

老师在讲诗的内容和写作技巧时，常常引喻取譬，深入浅出地进行分析；常常抓住一两个关键字进行讲解，讲它为什么好，或为什么不好，说写诗时要找出一个恰当的字来。老师在讲诗时也常常讲述怎样写诗。他说，诗人要有生活，要善于观察社会和大自然，写出真情实感才能动人；写诗要有想象，但是这个想象，

---

* 本文系为纪念顾随先生百年诞辰而作，选自《顾随先生百年诞辰纪念文集》。

不是空想，是建筑在现实之上的，并说要继承文化，多读古人的诗，但写诗更重要的是创新，哪怕是一个字呢；写诗最好写出意境，并举例讲了什么是意境。老师不喜欢伤感的诗，他说，诗要能鼓舞人心、激励斗志，使人昂扬向上，生活得更好。我非常同意老师的这种说法。老师也不赞成在诗中发议论；诗人可以给读者以暗示，叫读者自己去想，那样写，效果会更好些。

由于老师讲诗讲得好，我对诗有了很大的兴趣，更愿多读诗。那时，我们用的课本是高步瀛选注的《唐宋诗举要》。我和傅试中同学约定背课本上的诗和怎样互相检查，我俩坚持了一个很长的时间，大大提高了我们对诗的理解能力与修养。可惜我俩没把各种诗体各作一两首，请老师批改，今天想起来，仍是个遗憾。

老师的字写得很好，我在大学毕业时，请老师写一幅草字，我裱起来挂在屋中，同学、朋友来了，都说，这字写得好！既熟练，又有劲！我常看老师的用笔、字的结构和布局等，同时我也享受了艺术的美。不幸，在“文革”中，五十四中学的学生抄我的“封建”书时，也把这幅字给毁了，真可惜！

1945年，我从辅大毕业，国文系主任余嘉锡老师介绍我到辅大附中去教国文。那时辅仁大学的组织情况是这样：大学下边有男附中、女附中，还有附小和幼儿园；校长是大学校长陈垣先生，附属学校各设一个主任。男附中在主任下有教务主任、训育主任和庶务主任，附中主任领导附中的日常工作。辅大是天主教会办的学校。1949年初，北平解放了，原辅大附中的教务主任是一位德国天主教徒，他走后，出乎我的意料，老师们竟然选举我做这个教务主任。

北平解放前，辅大附中在教育教学上都抓得很紧，教师多是辅大留校生，学校在社会上的声誉是很不错的。北平解放了，师生们精神振奋，昂扬向上。教育要革命，但怎样做呢？在陈垣校长的领导下，大学成立了一个附校委员会，领导中小学和幼儿园这几个附属学校的工作。北平解放后，顾老师任辅大中文系主任，并兼这个委员会的主任，老师在中学和师范学校教过书，对教育教学有丰富的经验，做这个工作非常合适。学校要设政治课，各班排几节课，请几个人，如何付薪等，我都向老师请示。暑假招生，初高中各招几个班，课程如何设置，教员不够，要请人等，我向老师请示，老师能决定的立即给我一个答复；不能答复的，经附校委员会研究后再告诉我。

暑假快到了，有一天，顾老师到我的办公室，叫我做附中主任，我没同意。那时我想，我不是共产党员，做这个主任不合适；其次，我不愿放下语文课，不教书（那时，我还没听说哪个中学校长还兼课）；同时，在我的思想上，还希望有朝一日能到大学去教书，我家九口人的生活和孩子们的上学费用完全由我一人负担，我已感到生活的沉重，如能去大学教书，生活可以好些。因我有这些想法，我不愿意做主任，但老师对我的信任和提拔，我是十分感谢的。

顾老师任辅大中文系主任，教课，并任附校委员会主任。由于劳累过度，老师病了。我去看他时，老师很少说病情，有时说好一些，表现出坚强的意志。到 1953 年初，老师身体恢复了健康。

1953 年上半年，顾老师到天津师范学院去教书。后我去天津，见老师和师母的身体和精神都很好，我非常高兴。老师和师母对我都很亲切，我又享受了师生相聚的快乐。老师对我工作的变换表示了殷切的关注，给了我极大的鼓励。老师这种提携后辈的美德，使我敬佩之至。

今年是顾随老师诞辰一百周年，敬爱的老师离开我们已三十六年了。每一想起恩师对我的教诲，对我工作的帮助和关心，感激、缅怀和悼念的心情就交织在一起。先师的音容笑貌仿佛又出现在我的面前。唉！我只有好好继续学习顾老师的种种美德、著作和书法而已。

1996 年 6 月 22 日

难忘的诗*

郭预衡

羡季顾先生讲诗和别位先生不同，不只讲授古人的作品，也谈自己的创作，每当讲课之前，常常在黑板上写出自己的新作。因此，我们不仅可以听到先生品评古人，也能听到先生倾诉自己。我认识先生、了解先生，是从这时开始的。

大约也是在1942年的时候，听先生讲唐宋诗。先生的咏叹，先生的抒情，都使人历久难忘。

但与此同时，更使我难忘的，是先生当时写下的自己的诗句。有一次写的是："回看来路已茫茫，行行更入茫茫里。"这两句是先生早晨来校上课的路上吟得的。在晨雾弥漫中，瞻前顾后，一片茫茫。路在哪里呢？这是先生的心情，也是学生的心情。

又有一次先生写的是："登高一望愁何限，又见斜阳下碧芜。"我当时很喜欢先生这两句诗，所以也一直记得。我从做学生的时候起，生活上的嗜好不多，却喜欢登山临水。先生登高望远的心绪，我是有同感的。直到今天，每当登临之际，便时常想起这两句诗，也时常怀念先生。

---

* 节自《辅仁校友通讯（13）》（北京辅仁大学校友会1991年10月印行）中作者同题文章。

怀念羡季师*

郭预衡

初和羡季师分别之后，我几乎天天怀念老师，几乎时时回忆老师讲过的诗。

老师讲课时，讲古人的诗，也讲自己的诗，有时站在讲台上，一语不发，也是无言的诗。因为，在羡季师身上，不仅是学问，更多的是诗。别位老师，也许是字典，是百科全书；而羡季师，浑身都是诗。

在听羡季师讲课的日子里，以及和羡季师相处的日子里，几乎沉浸在诗的境界里。在那些日子里，我不记得自己获得了什么东西，却觉得失掉了一些东西，我失掉了一些世俗的东西、庸俗的东西。

在和羡季师别后的日子里，我不仅痛感失掉了我的老师，而且发觉自己身上又滋长了世俗气、庸俗气。

今天纪念羡季师，同学要我说几句，我不知从何说起。因为近些年来，我虽然没有忘记羡季师，但我早已不是天天怀念老师，不是时时回忆老师讲过的诗。几十年间，时光如流水，麻木，忘却，痴呆，接踵而至。

今天纪念羡季师，同学还让我写几个字，我也不知从何写起；只写了“三百篇，稼轩词，哀江头，锦瑟诗”。谨书此以怀念我的老师。

---

* 本文系为纪念顾随先生百年诞辰而作，选自《顾随先生百年诞辰纪念文集》。

难忘的老师　难忘的诗*

郭预衡

抗日战争时期，我在沦陷的北平（今之北京）上中学。高中毕业，又考大学。考工科没有录取，考文科两处都录取了，我选上了辅仁大学。辅仁是天主教会办的学校，当时日军在北平接管了国立学校，辅仁因属教会，没有接管。这时有些没有南下而又不肯在敌伪统治之下做事的教师，多来辅仁任教。我那时家境贫穷，本来上不起大学，但作为走读生，又有奖学金，不花什么费用，也就入学了。

我学的是国文系，即今天的中文系，但课程设置与今天的中文系有些不同，主要讲授中国古代的诗文和文献典籍，不讲现代文学和外国文学。像这样的系，有的学校干脆就叫"国学系"。

国文系最受同学欢迎的课，是顾随先生的"唐宋诗"。顾先生是大学英语系毕业的，但他的家学根底是"国学"。先生讲授诗、词、曲，他自己也作诗、填词和度曲。先生给我的印象，首先是诗人，不仅是教师。他站在讲台上，一言一动，都充溢着诗情诗意。

先生又写一笔潇洒的板书，或行或草，和他讲的诗词，搭配

---

* 节自《大学往事——一个世纪的追忆》（季羡林等著，昆仑出版社 2002 年 1 月出版）中作者同题文章。

得很好。上这样的课，不仅得到艺术欣赏，而且提高精神修养。

也许正是因此之故，顾先生的课，旁听者特多。很多外系同学都来听课。当时人们称这现象谓之“叫座”。这是时人讲看戏的术语，但我以为，把听顾先生的课比作看戏，是不恰切的。在我看来，顾先生的课，是诗，而不是戏。如果是戏，也只能是悲剧，而不是喜剧，更不是闹剧。听先生的课，好像进入诗国，别有天地，不仅暂得享受而已。

暑假中，一些同学还是希望有机会见到顾先生。先生的寓舍距离北海公园北门没有多远，有同学倡议，每隔数日，便邀先生到北海五龙亭小聚。先生慨然应允，几乎每邀必到。这时大家的生活虽穷困无聊，但苦中作乐，情致亦好。

先生和同学相处是愉快的，但先生内心常是忧郁的，年方五十，而老态可掬。先生不止一次称道李商隐“夕阳无限好，只是近黄昏”的诗句，似深有会意。先生自己则有“登高一望愁何限，又见斜阳下碧芜”之句，又似别有寓意。

还记得有一个早晨，顾先生从寓舍来校上课，路上大雾迷茫，几步之外，不辨人影。他走进教室，步上讲台，先不开讲，而板书几行，其中有：“回看来路已茫茫，行行更入茫茫里。”这是说，看不清前途，又迷失了归路。在抗日战争的岁月，在沦陷的北平城中，有这样的诗句，亦可见其内心之忧郁。

忆羡季师*

陈继揆

顾羡季老师是辅仁大学中，最受学生爱戴的教师之一。他在学校讲授中国古典文学的诗词和元曲。他的讲课受到广大同学的欢迎。教室中坐满了学生，门外窗口也站满了外系同学来听他的讲授。所以如此，因为他的课中包含了强烈的人民性。

七七事变，北京沦陷。一些有民族气节的教师不愿到公立学校授课，受日本人的统治，为敌人进行奴化教育，纷纷转到与教会有关的辅仁大学和燕京大学或私立大学就职。羡季老师就是其中一个。那时，辅仁大学校长是陈垣先生，文学院长是沈兼士先生，国文系主任是余嘉锡先生。这些著名学者聘请了多位有民族气节的专家学者教育学子，而学生也多数是不愿上公立学校的。在当时环境中，辅仁大学有特殊地位。

我是 1941 年暑假后考上辅仁大学国文系的。系分两组，一为文学组，一为语言文字组。我受家学影响，入语言文字组学习。我的导师是陆颖明宗达先生，他是黄侃大师的大弟子。陆老师青年时代也是位做工人运动的革命者。我在假期中到前青厂陆老师家听他讲授《说文解字》和训诂学；课余则常到顾老师家受教，听他传授左翼文学，他是我思想上和生活上的导师。

---

* 本文系为纪念顾随先生百年诞辰而作，选自《顾随先生百年诞辰纪念文集》。

九一八事变后，我产生了强烈的爱国主义情绪，我喜爱左翼文学，崇拜鲁迅先生。上辅仁大学时，课外也学新文学和社会科学。我是二年级时找到党的，是历史系同学周骥良领导下的一个，同小组还有王法祖同学；后来受地下学委宋海棼同志领导。党要求我接受进步教师的教育，我成了顾师的一个特殊学生。我到老师家，老师给我吃“偏饭”，讲鲁迅，讲左翼文学，教我做人，指我方向。每次请教，受益颇多，所闻知者也不少。

顾师从青年时代，即是爱国者、进步作家。他崇拜鲁迅先生，鲁迅先生写了《阿Q正传》，他效法着写了反映中国农民苦难的《佟二》，发表在一个刊物上，刊物名称记不得了。老师珍藏一本，曾叫我拿回家来读。20年代后期，他在天津女子师范学院教书，当时即参加一些进步活动。他对农民有特别感情。他原籍清河县，临近鲁西，对水浒人物，特别是武二郎讲得那样生动，真是讲活了。

1945年大学毕业，地下党派我到晋察冀边区所在地阜平参加学习班，目的是解决我的党籍问题。适值日本投降，又返回北平，入党后继续做秘密工作。因革命需要我长期隐蔽，我是不能向别人说我去解放区这件事的。但经党同意，我把去解放区的见闻，向羡季老师都说了。我是一个城市青年，在解放区见到的是一个新世界，看到的听到的无不新鲜。羡季师听后，郑重地向我表示，他也想去解放区，后来叹了口气说，就是我腰腿不成呀！（冬天，顾师上课都是穿两件袍子，走上讲台，脱去棉袍，又是一件袍子。）又说：“我羡慕你，我早晚要去解放区。”城工部原先分配我在接管北平市政府的队伍中，因形势变化，北平解放不成，大队伍解放了张家口，晋察冀边区机关到了张家口，《晋察冀日报》开始在张家口印刷。有一位地下同志，穿军装开吉普车，往来于北平、张家口之间，运送《晋察冀日报》。我们每天都有分发对象。羡季老师是大学教授中党的朋友，文件和报纸都由我送到家中。其中一期全文刊载了毛泽东同志在延安文艺座谈会上的讲话。我送到羡季老师手中，老师一看题目，说“今天不谈了，我要看这篇文章”。几天以后，我再去时，老师劈头就说，“太好了，我完全同意，我完全接受”；“我读了这‘讲话’，它把我拉下马来”。我完全明白，所谓“拉下马来”，就是文艺要为工农兵服务，要为工农兵写作。这是老师一大转变。我不多说，他实现了诺言，新中国成立后，他用旧体诗词填写新曲，歌颂工农兵，歌颂新中国，歌颂共产党，在天津时，《天津日报》和《新港》杂志上，羡季老师发表旧曲新词二三百首。这些应该集录起来，让人回忆和了解这位进步的文化人。

我从 1946 年夏转到天津，从事秘密工作，开始时，每周回北平（因我的组织和家都在北平），总要去看老师，党的联络员的任务仍然做着，以后党派在辅仁上学的我的妹妹继昭担任，党的文件改由继昭送。但她不是学文学的，她向我诉苦说：“我只能当个交通员，联络员的作用起不了。”

羡季老师逝世时，我正在疗养院治病，发丧时，学校没找到我。但我后来知道，送丧的有天津文联主席李何林先生、作协秘书长周骥良同志。骥良既代表作协，也代表了当年的地下党。

羡季老师终生是共产党的朋友。

访师日记*

刘在昭

七月五日①

早餐后乃专访嘉莹，相期会于校中以同谒羡季师。称幸者既见羡季师，师谓适值作诗，遂为予等写出，乃昨日所作正当修改者。说，“十日”一首②前面颇紧，但后四句陡变七言，如吐出一口气，心胸始快，盖故技如此者。方作时本先成后二句，为逆序而成者。初因见前海后海之荷花盛开，红莲照目，正当娇艳无残枝，始欲作“前海后海荷花香”，而“海”“荷”双声殊不佳；欲用“藕花”亦似不能拟其盛；用“莲花”则俗。“城南城北俱残照”句则拟改“城北城南皆残照”似较好耳。又“读萧惠开”一首③，“阶前悉种白杨树”用本传原句；“三尺短墙延扁豆”本作

* 据手稿录校，题目为编者所加。

① 1943年7月5日。

② “十日”一首即《雨晴病起散步有作》，诗曰：“十日不出门，更卧三日雨。意绪那清佳，筋骨况酸楚。欹枕读旧编，细勘人生苦。不见陶彭泽，云霄仰片羽。孰为刘越石，闻鸡还起舞。世与出世法，俯仰果何取。枝头喜晴鸟相呼，吾亦曳杖出吾庐。城南城北俱残照，前海后海万芙蕖。”

③ “读萧惠开”一首即《读〈宋书·萧惠开传〉因成一首》，诗曰：“除却新诗费剪裁，睡余无事且徘徊。寂寞深巷尘仍到，舒卷闲云雨未来。三尺短墙延扁豆，数间老屋荫高槐。阶前悉种白杨树，绝忆当年萧惠开。”

“一带西山满残照”，为“夕阳”“残照”类乎滥调，故易此句。“延”字用《诗》“葛之覃兮，施于中谷”，“施”字，毛传“延”也，为此处用“施”字太板，故用“延”字，与下句“荫”字亦可相称耳。予出假《秋明集》还先生。先生说尹默先生之诗与俗殊，其词尤异；其书今琉璃厂来薰阁售之。先生自放假后即病，迄今未愈，予等辞归。复假得先生词、诗初稿及《盛明杂剧》三十种第一集。词、诗为先生事变后所作，或说先生此诗优于后来者，为彼时宋人味尚淡，其后则宋诗味亦甚也。先生又自谓深憾于生活逼狭故，胸襟不得开展，始终不成伟大耳。自感写作能紧而不能松，如陶诗甚松而千锤百炼，不能有其深厚，斯乃为上也。阅嘉莹作曲，谓其“一声蝉下劳人泪”，“下”字似应衬字而未衬，[山坡羊]之四字句则不当衬而衬，盖益短益不可衬，始见力量。如《西厢》“长亭送别”[滚绣球]“遥望见十里长亭减了玉肌，此恨谁知”之“此恨谁知”四字即不衬。若长句则应“弹”“松”方妙。并说曲中《桃花扇》堪称一绝，惜乎扇子太小扇坠太大也。盖传奇至多两场必须旦角出场，《桃花扇》中不得已乃假诸李香君而故不欲驾之，只剪裁虽颇费心思终难得当，实取材不易也，而此外无瑕，其价值实高过《牡丹亭》《长生殿》；即其中白亦甚在意，其功良不可没也。此外，“粲本五曲”① 亦颇可观，犹之晚唐韦庄、韩偓虽似软弱而技实精熟，故统有唐一代诗之总局也。“粲本五稿”中末稿《情邮记》尤佳，其前四稿为其胸中常横有一《牡丹亭》，故不能跳出前人范围，即末稿亦不脱红粉白面之俗调

---

① “粲本五曲”及下文所谓“粲本五稿”即明代吴炳所作“粲花斋五种曲”，包括《西园记》《绿牡丹》《疗妒羹》《情邮记》《画中人》。

也；而以其技术论之，则其于律，实属兼工并美者也。

予归家午饭后，略翻阅《盛明杂剧》，其中康对山之《东郭先生》较《中山狼》为佳。又阅《翠乡梦》《女状元》《渔阳弄》《死里逃生》《灞亭秋》等。晚饭后，嘉莹来，背《诗经》毕，至后院中散步。少时又翻阅先生词、诗稿，时已将十二点钟矣。

七月卅日①

今天一整天什么公事都没有，在永井潜的屋子里睡了一大觉，把抽屉和柜子拾掇拾掇，一天就又过去了。下班后同宋一路走到许先生府上坐了一刻，回来刚好没赶上电车。碰见二哥招呼一声，他入北海去了。我就决定去看看顾先生。

先生的桌上正放着一本打开的《楞严经》。先生依然那般清癯，神情很安恬又似乎有些萧索。谈起人眼高了实在是苦恼：别人的东西看不上眼却不得不说好，否则就要得罪人；自己作的自己也看不上，作着也不起劲。先生的《游春记》登在《读书青年》上，恐怕不见得有什么人去看，看了也看不出好坏来。个中是非唯在自家方寸耳。先生谓只有第三折写得好，末后想好，才力不够；才力不够，精神好也能补救，自己精神又不成，今年夏天似乎特别不好，前年去年暑假中总还能写点东西，今年不成了。也许是自己胆子小了。

先生知道我现在做的事不会有什么意思，因和我谈起佛来。先生近来常看佛经，虽然不敢说这对人人都需要，但于自己是真受用。又睡时不能不看书，而看的书又必得合乎条件，费心的不

① 1945年7月30日。

能看，没意思的不能看，无间歇的不能看，所以总是《聊斋》《水浒》《西游》几部摆在床头翻来覆去地轮着换。近来看看禅宗的书觉得这也成。先生谓头脑太不科学，看有系统的东西不容易，而于禅宗倒颇合适。禅宗的书只抓住一点就成。禅宗其实仍然是佛法，如禅门所谓“欲得不招无间业。莫谤如来正法轮”，他们毁佛骂祖，归根却是如此。先生常读《五灯会元》，觉得很有意思。师兄弟二人出寺门见一龟。一惊问曰：“别的动物都是肉包骨头，它怎么骨头包肉呢?”其师兄脱草履扣龟背上扬长而去。骨头包肉有什么奇怪呢，怎么见得肉包骨头就一定对？管这做甚？此所谓“茫茫业识，无本可据”。佛曰“如我按指，海印发光，汝暂举心，尘劳先起”。我们应当去尽尘劳，才能游行自在。人的物质有所谓浪费，精神上不必要的消耗亦是浪费。鲁迅先生在上海时整天同一班人打笔墨官司，真是可惜，如果自己好好写点东西多么好。先生因为我整天是苦，因举此，所以和我这样说。人□□须要真有一点智慧才能游行自在，但这不是把事不当事，说道是“毫厘相差，天地悬隔”的。有一本现代日本小说集，其中有森鸥外一篇游戏，就说他自己办公的态度，写得很好，大可参照。

先生今年《中庸》改《论语》，又新开一门“论文举要”，拟讲《典论·论文》、陆士衡《文赋》及《文心雕龙》。后来听说刘盼遂先生有《文心雕龙》课，似乎不便再讲，否则两篇文、一部书，足够讲一年用了。先生的《文心雕龙》还没给我们露过。先生讲总是讲后半部（前半是源流，后都是做法）。若不讲它，印讲义就麻烦了。先生的小说有人劝去出版（沙漠书店）整理整理，觉得都不成，像《乡愁》那样真太幼稚。小说真正难作，中国也只有鲁迅先生，但是像《阿Q正传》技巧并不成，即《孔乙己》也太幼稚。鲁迅先生尚且如此，那么像自己的《乡愁》也就不需要怎么惭愧了。至于《彷徨》是真好，从第一篇《祝福》起就好，到末一篇《离婚》已然是强弩之末了，还是那么有劲。他的作风眼看要变而没有变，真是可惜。先生觉得应当把《呐喊》《彷徨》一篇篇地说说，自信现在此地没有一个能像先生这样了解鲁迅的，南方或者还有，但也很少。先生有些朋友见解很高的，现在都在内地，然而值此时局之下根本也不容你说，只《阿Q正传》就不能说，说了就惹祸，还说什么。但是自己不担起这责任让谁去担？

《读书青年》下一期有先生一篇翻译，译得还不错，可以看看。（《读书青年》六期为一卷，大约是在三卷一期。）先生又写的一篇小说，想完成起来，总写不出，因为中间有一段写坏了。只有《东坡词说》新近才从天津拿回来，自己读读，竟也很费事。当时写着并没觉得怎样，盖当时功夫正醇，后来就没接着做下去。现在竟至于看着都费力了。

八月卅日[①]

午后四时许，嘉莹至院，偕余走谒季师。兹略述师语如下：

今年招考新生国文试卷成绩奇劣，可谓打破空前纪录。幸而如今得有转机，否则中国人连中国话都快不会说了。

教书实在不容易，俗语有云，教书的得要说书的嘴、巡警的腿，此语大有味。讲书是得站着，而且最好不要动。走来走去，

---

① 1946年8月30日。叶在昭、叶嘉莹大学毕业后，均到中学任教，顾随先生谈话中主要传授的是作为教师对待学校和学生的经验。

学生的眼睛也跟着晃来晃去，精神不易集中。师迩来衰老，往往偷懒，低着头只顾讲下去——这是错的。做先生的总得眼光笼罩住学生，所以说要熟，不可句句看着讲。书该拿在手里，离得远些，眼睛照顾着听讲的人。

对于学校当局和校长要取得信任，但同时又要获得学生的好感。所谓得君活民，诸葛亮在西蜀为所欲为，就因为取得上下的信任，觉得只要是诸葛丞相说的就不会错。否则不要说胜负兵家之常，就是常胜将军也有砍头的。欲加之罪，何患无辞。师虽不愿与人用心机，但是也不赞成旧日君子的迂阔。历来各朝如汉唐宋皆是君子与小人之争，其结果必定是小人得势，国也完事。因为小人永远暗中扩张他的势力，渐积渐广，遂至皆为所据。君子们总自觉我光明正大，两袖清风，急了便拂袖而去，其实无济于事。不惭愧地说我们在这里总有一些光，即令不是月亮，也总是一点萤火，如果连这一点光也没有，岂不漆黑了？鲁迅先生说得好，他主张用肉刑，就打他的屁股。所谓即以其人之道还诸其人之身。看那般坏人怎样坏，便怎样治他。人虽该忠厚，也不可太愚。

又处同事也要留心，师某友人因讲授颇得学生欢迎，他班学生皆逃课来听，至生纠葛。同事中有人挟怨私告其为共党，深夜逃命，几至遇祸。今日虽或当不至此，然而不可不慎于先也。

对学生要恩威并施，教国文主要的是要提起他的兴趣，然而也须得众，要有好学生。师在天津师范学院的前身①授课时，有

① 当系河北省立女子师范学院，顾随先生曾于1926—1929年间在其前身天津直隶第一女子师范学校任教。

一班学生最得意。从初一教到初三，其中真有好的，高兴极了。但校长却以为是教育的失败。那班学生因按名次分班系前列学生皆优等生，较别班生成绩优劣悬殊。是后，该校遂改分班法为间隔排法，其实这样（对）功课进行颇有阻碍。

师近来愈爱本国文字，古文有《左传》《庄子》，再下有魏晋六朝，白话的有鲁迅先生，无所不至其极。从前曾说中国文字不及西洋文字有弹性，今思此语固非无稽，然而其的确性亦当有限变，并非绝对合理。如鲁迅先生的《祝福》《孤独者》《阿Q正传》，何尝无弹性。即其所译《工人绥惠略夫》，乃是逐字直译，而能如是好，怎么能说中国文字不好。从前总以为文字和思想是两回事，虽然思想不深刻也许能做出美的文字来，现在方知不然，思想不深刻就做不出好文字来。固秦诸子的文章，没有不好的，就是因为他见得明，所以说得清。佛家所谓“见地明白”是也。唐宋人根本糊涂，所以文字也做不好。

师近阅《列宁之为人》，虽然译得极糟，然而总还看得出高尔基的口气，看得出列宁之为人来。他说工作固然重要，然而心情也是要紧的，他自己一生勤俭劳苦，却劝他的朋友好好休息，到巴黎最考究的医院里去休养，此尤可见其人格之伟大，心地之仁慈也。

羡季先生百年诞辰纪念*

史树青

常感老辈少，日观景物新。
儒宗思母校，学府结芳邻。
顾曲曾雨夜，听诗记霜晨。
严师如父子，遗训自铭恩。

地安门外路，故居巷口斜。
不忍门重过，新来眼倍花。
旧题垂青史，遗墨笼碧纱。
文字禅永在，难忘水西涯。

1997 年 5 月 16 日受业史树青敬拜

---

* 本诗系为纪念顾随先生百年诞辰而作，选自《顾随先生百年诞辰纪念文集》。

宗师芳千古 才多溉后生*

——缅怀先师顾羡季先生

阎振益

前些天刚刚开过先师顾随羡季先生逝世三十周年纪念大会。半个世纪前受教于先生的种种情景，先生的音容笑貌都不断浮于脑际。我是1941年夏考入北平辅仁大学的。当时校内师长学者如林，饱学宿儒饮誉海内外者灿若群星。有幸在诸师的教诲下攻读，犹如畅游学海，其乐无穷，受益终生。

特别是听顾羡季先生讲课，如饮甘露，沁人心脾；如坐春风，通体舒畅；如在山阴道上行，美不胜收，目不暇接，一步步进入佳境，直至完全陶醉于其中，浑然忘了自我以至周围的一切。待到铃声骤起，才如梦方醒，发现原来自身处于教室之中。抬头看，先生正在收拾书卷，慈祥的面容上含着微笑，倦意中仍闪耀着兴奋之光。再环顾四周，室内座无虚席，外面所有窗口都被外系的听众挤满了，人们仍在沉醉中，舍不得离去。

先生博学多才，非小子所能窥其万一。即以讲诗而言，先生论诗独具慧眼，上起三百篇，下及唐宋诗词均有创见，发前人之所未发，而又决非标新立异，全任一片诗心吟哦、咀嚼、体味所

---

* 本文系为纪念顾随先生逝世三十周年而作，选自《河北大学学报》1990年第四期。

悟出。先生说得好："天下人不懂诗，便因讲诗的人太多了。而且讲诗的人话太多，说话愈详，去诗愈远。人最好是自己参悟。"

先生此论真可谓切中时弊。当今时尚，虽是一首并不难解的小诗小词，讲起来少说也要个把钟头，写成讲稿起码千言，其实也不一定有何新意，反而弄得听众、读者晕头转向，丈二和尚摸不着头脑。

而先生讲历代诗家诗作，不论是曹公之悲壮、老杜之沉雄，都有自家的真知灼见。特别是论陶诗，深刻、警绝，正谬析疑，真是冠绝古今。前人说陶渊明是隐逸诗人。一说隐逸，便是避世、消极。先生以为"此不足以尽括渊明。渊明是积极的，进取的"。并举《荣木》为证："先师遗训，余岂云坠！四十无闻，斯不足畏……千里虽遥，孰敢不至！"人说陶诗和平，先生驳得尤其彻底，说"其和平之作不是和平而是悲哀"，而且指出"陶渊明心中有许多不平事，所差者，自己不愿把自己气死。人不生气除是橡皮人、木头人，而诗人是有血有肉而且感觉最锐敏的人，与一般俗人往来何能不生气？而又不甘于为俗人气死，所以喝酒赋诗"。论断多么干脆，分析多么透辟，而其论点又是多么出人意外，但仔细想来却又在情理之中，再重读陶诗，立即有新的领悟。不由得不佩服先生见解之深，不由得不从内心感谢先生给弟子后学指点迷津。

先生还提出陶诗有的"其'崛'不下于老杜"，更是惊人语。跟着即以"且共欢此饮，吾驾不可回"为证。且说，"常人多仅了解'悠然见南山'，非真了解"。结论在此，真是发人深省！"悠然见南山"被人背熟了，讲滥了，公认是陶诗的灵魂，可谁曾想到他的“崛”？

先生对陶诗（当然包括历代诗文）有如此深湛独到的卓见，盖因不是就诗论诗，而是透过诗篇深深体味到诗人的全部人格，即如诗人的立身处世、思想品德、一生遭际、感情心态，等等，才能如此深入到诗人的内心世界，细致全面地体察他思想组成的诸多方面和感情涌动的细微变化，从而掌握他写每首诗时心脉的搏动和性格的层面。如果这点体会还大致不错的话，我想这正是先生以他的身教教给我们应如何去读诗、理解诗和诗人，而不是拾人牙慧、人云亦云吧。

比如先生说：“渊明篇篇说酒，然其意岂在酒？……世上无可恋念、皆不合心，不能上眼，故逃之于酒。”“我们感伤悲哀，是因为我们看到世事之不得不然，而不知其自然而然。但我们并非麻木懈怠，不严肃，而且我们的感情经过理智整理了。陶盖能把不得不然看成自然而然。”这是论陶诗，更是论陶公，也是论世事为人，语含禅机，虽非棒喝，亦近点化。若得妙悟，自大可不必愤世嫉俗，慷慨激昂，而心气“和平”了。如此方能悟得陶诗真谛。惜乎，先生这番教诲含义深奥，愚蒙的我虽体味多年，仍未得其中三昧，大为可憾！

先生论诗不落俗套，出语惊人。如说：“人皆谓杜甫为诗圣。若在开合变化、粗细兼收上说，固然矣；若在言有尽而意无穷上说，则不如称陶渊明为诗圣。”“以写而论，老杜可为诗圣；若以态度论之，当推陶渊明。老杜是写，是能品而几于神；陶渊明则根本是神品。”乍听来令人瞠目咋舌，细嚼慢咽方能渐渐领悟。

再如论：“‘采菊东篱下，悠然见南山’，千古名句，也是千古的谜，究为何意，无人懂。悠然的是什么？若作见鸡说鸡、见狗说狗，岂非小儿，更非渊明。可以说是把小我没入大自然之内了。”

凡此种种，都可见先生是用自己的心去读古人的诗，以己心去领悟诗心，故能不落俗套而有真知灼见，并理直气壮道出，毫不吞吞吐吐，更不有所保留。由此可见先生的真，先生的诚，不但教人应如何读诗，而且教人应如何做人。

先生说“读陶集四十年，仍时时有新发现，自谓如盲人摸象”。出语极谦，但足见先生锲而不舍、永不满足的精神，非浅尝辄止者所能理解。先生才高，更益之以勤奋，方能有超人之识见和多方面精深的造诣及成就。

先生博学多才，不但善于讲诗，更长于写诗；不但是学者、教授，而且是诗人；不但擅长写诗，更喜填词、作曲，且样样都是当行本色，尽入化境。常言道“文如其人”，先生是忠厚长者，同时又是“处世无奇但率真”。诗风亦如此，明白如话，而意味隽永，正如先生评陶诗那样：“平淡而有韵味，平凡而神秘，此盖为文学最高境界。”先生诗词从不故意掉书袋，从不用生词僻典，如鲁迅评某人诗曰：“故用僻典，令人难解，可恶之至！”先生诗词却如“清水出芙蓉，天然去雕饰”。这种清健流畅、自然天成的诗句，看似信笔挥洒，全不着力，其实是经过长期酝酿和千锤百炼。只是由于先生才高，故天衣无缝，决不见斧凿痕，而显得举重若轻。先生诗风多样，有的诗词极工巧，如“往事织成连夜梦，归云闪出满天星”。看，多么自然流畅，又多么工整细腻！读来甚至使我感受到吾师常为失眠之苦所困扰，但诗句却是那般瑰丽，行云流过，满天星斗熠熠生辉，闪烁在无垠的碧海夜空之中。

我最喜爱先生《荒原词》首阕《卜算子》：

> 荒草漫荒原，从没人经过。夜半谁将火种来，引起熊熊火。 烟纵烈风吹，焰舐长天破。一个流星一点光，点点从空堕。

是绮丽，是壮美？是悲凉，还是理想之光？我真爱这首小词，不知在心中默诵过多少遍，书赠给人多少次。献给这次纪念先生逝世三十周年纪念大会的，我恭录的还是这首词。但我觉得至今仍没有完全读懂。我认为这绝非先生一时即兴之作，迷蒙感到这其中或许蕴涵着先生的悲凉、憧憬，冲破黑暗的怒火，向往光明的渴求，平凡的字句掩不住智慧灵光的闪现。

先生为当代书法名家，才高学勤，数十年临池不辍。楷书学欧，工丽秀美；行草直追晋人；兼爱临摹唐人写经。先生书法给人以满纸苍茫之感，如观劲松，如临大海，锋棱峥嵘，顿挫跌宕，遒劲挺拔，汪洋恣肆，轻重徐疾，中音合会。而苍劲中又自然流动，如行云流水，惊鸿游龙。虽片纸小柬，一笔不苟，皆中规矩，令人宝爱难释。先生曾赐墨宝一长幅，数十年奉若家珍，惜乎没于浩劫之中，不知所终，徒增惋叹耳！

先生之学包罗万象，淹贯中西，夫子之墙数仞，非小生所能窥其万一，更非小文所能言及微末。确乎仰之弥高，钻之弥坚；高山仰止，景行行止，虽不能至，心向往之！先生早年曾于病中戏自挽曰“人恨才少，我恨才多”。先生一生教学，倾囊相授，罄其所有，毫无保留。学生课下质疑，或登门求教，或函电问难，莫不条分缕析，破迷解惑。夫子循循然善诱人，问者如拨云见日，茅塞顿开，亦感先生之和善与真诚。先生不必自恨才多，数十年来，先生之才已如甘霖雨露沾溉后学，桃李满天下，海内外名家学者辈出。更有深得先生之学真谛的叶嘉莹学长和先生幼女顾之京师妹，多年来苦心搜集整理先生遗著及听课笔记，爬梳编纂，已刊行问世者有《顾随文集》五十余万言，近又将刊行续集二三十万字，先生一生著述、讲授之精华已具大端，足资润泽后生，传之永久，先生可含笑九泉矣！可恨者唯我，懵懂鲁钝，少不努力，老不成才，深负先生谆谆教诲，无可告慰先生在天之灵，愧悔无及，徒呼奈何耳！

可庆幸者，中华大地历经磨难，先生终得安息于国都要隘、崇山峻岭之巅、举世仰慕的京都“北门锁钥”的雄关八达岭之下。近者又有先生爱婿曹桓武学兄前来相伴。翁婿相得，生前未竟之言，可于地下纵论古今，赋诗谈禅，挥毫抚琴，其乐融融，终古无极矣！

1990 年 9 月草，国庆节改

回忆顾随先生的一次讲演《禅与诗》*

张恩艺

40年代初，受业于顾随先生门下，习唐宋诗，兼及词曲。先生讲诗主张“不立文字，见性成佛”。课上极少做文字、典故之诠释与考证，多凭朗读传神。当年听先生读李白的名句：“蜀僧抱绿绮，西下峨眉峰……”称得起是形、声、神三者之表达惟妙惟肖。先生朗读的《茅屋为秋风所破歌》堪称一绝，自先生谢世，遂成绝响。

先生解诗，间或借助于禅宗的偈语，将诗歌中的精华妙义做深入的传授，使聆听者领悟较深，记得也牢。曾问及如何用禅语解诗，先生有答诗一首，诗前小序称：“近来授诗，时举禅家公案，俾助参悟，从学诸君亦或以此相问，因成小诗一章。”诗云：

一片诗心散不收，袈裟仍是两重裘。
凭君莫问西来意，门外清溪日夜流。

先生用以解诗的名句“禅机说到无言处，空里游丝百尺长”，更是极富哲理，使聆者受用无穷，终生不忘。与会诸君，或有同感焉。

---

* 本文系为纪念顾随先生逝世三十周年而作，选自《河北大学学报》1990年第四期。

1943年秋（或1944年春），先生应吾班学友之请，曾以《禅与诗》为题，举行过一次讲演会。到会近二百人，会场座无虚席，后来者伫立聆听直至终场。先生概述了佛学与禅宗的源流及有关历史知识，摘选了一些禅家偈语，重点说明了禅与诗“可分与不可分”的关系，讲得深入浅出，生动活泼，给与会者以极大启迪，印象深刻，反应奇佳。

记得先生在会上讲述了六祖《谈经》，“六根”（眼、耳、鼻、舌、身、意），“六尘”（色、声、香、味、触、法）；讲了“阿耨多罗三藐三菩提”，最高境界“常、乐、我、净”，“万法归一，一归于我”；讲了“世尊拈花，迦叶微笑”，以及“佛本无所说法，若说佛有所说法，是名谤佛”。在讲到禅与诗的“可分与不可分”时，先生在黑板上画了两个相交的圆，左圆为诗，右圆是禅，两圆相交处画满斜线，表示二者不可分处。先生列举的禅家偈语名句有“佛祖西方来，我往东方去”“云居不知禅，洗脚上床眠，冬瓜直侊侗，瓠子曲弯弯”“蜻蜓本是好蜻蜓，飞来飞去不曾停，被我捉来掐去两边翼，恰似一枚大铁钉”，等等等等。时隔四十七度寒暑，于今追述这些极不系统的片言只语，很难表述先生“以禅解诗”的宏论于万一。其目的不过是引起诸学友的回忆与对先生的追思。

当年讲演会上，曾有程忠海、教蕴琦两位学友做了详细记录。会后由陈继揆学友和我加以整理，又经先生过目并亲自修改校定。当时限于条件，无力付印，经征得先生同意，定名《禅与诗》，署名“苦水”，在《艺文》杂志发表，我还写了一段前言。刊出后，先生留存五册，赠予吾班学友人手一册。当时的想法是，希望先生的这篇极有价值的独具特色的谈禅与诗的专论，能够保存下来，流传永久。遗憾的是，半个世纪来历尽劫波，原稿散失，连《艺文》杂志也很难寻觅。如今只寄希望于北京图书馆或有藏书。倘能查到，供之京学友于整理先生文集续编时纳入，将是广大学友的共同心愿。

谨回忆如上，作为对先生逝世三十周年的一点纪念。误漏之处，尚望诸学友斧正。

羡季先生朗诵杜诗*

——记北图“爱国诗人杜甫讲演会”

张恩艺

20世纪40年代初，受教于羡季先生门下，习唐宋诗，兼及词曲。先生讲诗主张“不立文字，见性成佛”。课上极少做文字、典故之诠释与考证，多凭朗读传神。犹记当年先生读李白《听蜀僧濬弹琴》的名句“蜀僧抱绿绮，西下峨眉峰……”，使聆者受到的是形、声、神三者之表达惟妙惟肖，确是传神之笔，恰到好处。先生朗读的杜诗《茅屋为秋风所破歌》堪称一绝，自先生谢世，遂成绝响。

先生的朗读也受到社会上诗词爱好者的关注。偶翻旧箧，检得1953年北京图书馆邀请函（复印件）一页，原文录下。

羡季先生：

我馆应读者要求，拟在本月底举办爱国诗人杜甫讲演会。已商请冯至先生主讲，为使读者对杜甫作品更多领会及欣赏起见，拟增加朗诵节目，久仰先生对中国文学研究有素，诗词朗诵尤为擅长，因特专函奉邀，敬祈惠允，无任感荷。

此致

* 选自《北京辅仁大学校史》（中国社会出版社2005年出版）。

敬礼

北京图书馆启

1953 年 2 月 18 日

据同门冯宝琳学长回忆，当年他就在北图群工部工作，参与了“爱国诗人杜甫讲演会”的组织、邀请的筹备工作，并聆听了讲演和朗读的全过程，至今记忆犹新。当日会场上座无虚席，讲读者全神投入，聆听者十分专注，秩序井然。两位主讲大师，同是研究杜诗的专家，又是几十年过从甚密的挚友，彼此灵犀相通，配合默契，使讲演精湛，朗读传神，收到了相得益彰、极佳的效果。盛会结束时，两位大师携手谢幕三次，全场起立，响起经久不息的掌声。

贺新郎*

夜读羡季师《稼轩词说》感赋

叶嘉莹

此意谁能会。向西窗、夜灯挑尽，一编相对。时有神光来纸上，恍见上堂风致。应不愧、稼轩知己。爱极还将小语谑，尽霜毫、挥洒英雄泪。柏树子，西来意。　今宵明月应千里。照长江、一江白水，几多兴废。无数青山遮不住，此水东流未已。想人世、古今同此。把卷空余千载恨，更无心、琐琐论文字。寒漏尽，夜风起。

* 作于1944年秋，选自《迦陵诗词稿》（叶嘉莹著，中华书局2007年2月出版）。

致顾随先生逝世三十周年纪念会的信*

叶嘉莹

诸位学长大家好：

我于8月中旬接到之惠学姐来信，知道学长们要于今年9月初为羡季师逝世三十周年举办一个纪念会，希望我能写点纪念文字交给学长们在会中宣读。当时我曾给之惠学姐回信，告知她我正计划写一篇评说性的文字，介绍老师在词的创作方面的成就，只是因工作太忙，一时恐无法开始，但我答应了之惠姐写点简短的文字或许可以传真送至北京。可是自从8月中旬到现在，我简直忙得日无暇晷，原想回到温哥华把我的一个博士生的论文评审完了，可以赶在9月6日老师逝世纪念的日子前，写篇诗或词寄上，但前天才将那学生的答辩主持完了。昨天下午就又接到了之惠姐的第二封信，告知纪念会已决定在9月2日举行。而昨天已是加拿大的8月30日，就是北京的8月31日了。当时匆忙写了一封信赶到邮局以快邮寄上。从邮局回来，又想写篇诗词以传真寄给张恩芑学长，但晚间又来了两位访客，他们走时已是夜11点，我曾努力构思到半夜两点，结果因为既疲倦又紧张，写出的句子都不能使自己满意，只好作罢。今天7点匆忙起床，想还是

---

* 选自《河北大学学报》1990年第四期，题目原作《叶嘉莹自温哥华致纪念会的信》。

写篇简短文字以传真寄上，聊表对老师的纪念吧！

关于我从老师学习受业的经过，我在《纪念我的老师清河顾随羡季先生》一文中已曾有详细的叙述。（见《顾随文集》附录）我现在再写一点我于1948年离开北京后，对于老师教学之怀念的情况。我于1948年3月底在南京结婚，当年11月下旬随外子工作迁往台湾。抵台后住在高雄附近的海军左营军区。当时我随身携带没有任何书籍，只有我从老师上课时所写的几册笔记，而托邮政海运的书物，其后则全部遗失了。我常想我当时未把那几册笔记托运而随身带出，实在是一件幸事。我当时在无书可读的情况下，乃常常翻看我自己的笔记，怀想我当年随诸位学长一同在老师班上听课的旧日的学生生活。继之我在台湾又经历了许多艰苦和患难。有时晚间就会做梦，梦见我与刘在昭学长于下课后一同去拜望老师。但当我们出了女校后门沿途走至什刹海附近时，就看到到处都长满了极高的芦苇，我和在昭两人怎样也无法从这片芦苇丛中走出去。然后就突然惊醒，为之怅然良久。这样的梦，我做过不止一次，所以我曾经写过“天涯常感少陵诗，北斗京华有梦思”的诗句。那时候当我自己给学生上课讲到杜甫《秋兴》中的“每依北斗望京华”的诗句，想到自己不知何日才能重返故乡重温旧日的生活，总不免悲慨无已。其后我自己也偶尔写一些评说诗词的文字，就更加怀念老师，总盼望有一天能把自己的作品呈给老师，请老师加以审订。谁想到当我1974年第一次回国探亲，满怀着要再去看望老师的愿望时，竟然获知老师已早于1960年逝世，未能再见老师一面。这实在是我平生最大的遗憾。而如今当老师逝世三十周年，诸学长在北京开会纪念时，我又因羁身海外无法前去参加，更为歉憾。幸而之京学妹已把老师的遗著整理出来，印为专集。最近我又接到之京来信，要我把一些旧笔记带给她，她要重加整理。我将尽力把这些旧笔记再找出来带给她。还有其他学长们一定也有一些笔记或老师的遗稿，希望也都能尽力找出来。尤其是同门周汝昌学长以前所保存的老师的文稿资料久寻不获者，更希望有朝一日能重新觅到，我们可以为老师再印一册更为完整的专集。这是我们共同的愿望。

谨以此短文表达我对老师的感恩和怀念。并向诸学长问好。

学妹　叶嘉莹

1990 年 8 月 31 日

现在已是上午十时半，我还要赶去参加一个会议。文字写得简率潦草，请学长们原谅。又及

纪念会中，如有学长讲话，请以录音机录下，将来我可以复制一份作为纪念，以弥补我未能亲自前去参加纪念会的遗憾。再及

致顾随先生百年诞辰纪念会传真函*

叶嘉莹

恩芑学长：

发下电传，已于昨日拜收，承告北师大中文系、河北大学中文系、北师大与辅仁校友会将于5月16日在北师大英东楼联合举办顾随先生百年诞辰纪念会，闻讯后兴奋无已，所惜者我近日正在美国各州讲学，不克赶返国内参加此一盛会，亦未能协助诸学长共同参加筹备工作，未免深觉歉憾耳。犹忆五十年前（1947年）我等曾为羡季师五旬晋一之寿辰，在北京举行祝寿宴会，当时诸学长曾命我撰写祝寿筹备会之通启，启文中我曾有“但使德教之昌期，应是同门之庆幸”之语。近年来，羡季师之著作经由之京师妹之整理，已经陆续出版多种，此次盛会更有《顾随：诗文丛论》增订本之发行，中郎有女，能传父书，复加之以诸学长之共襄盛举，则先生德教之昌期，固已彰然可见，嘉莹不敏，每念师恩，无以为报。近年既在南开大学成立中国文学比较研究所，因决定捐献个人退休金之半数，成立基金会，并将其中之奖学金，定名为“驼庵奖学金”，特取先生之别号为奖学金之名称，亦不过聊表个人对师恩之感念于万一耳。此事本未对外宣扬，而今既适逢羡季师百年诞辰会之举行，则此一奖学金之设立，或者亦正可

---

* 选自《顾随先生百年诞辰纪念文集》。

表示嘉莹对羡季师百年诞辰之一点祝贺之微意，因敢奉告诸学长，想亦当为诸学长所乐闻也。

叶嘉莹

1997 年 5 月

附录

顾羡季先生五旬晋一寿辰祝寿筹备会通启

盖闻春回阆苑。庆南极之烜辉。诗咏闷宫。颂鲁侯之燕喜。以故麦丘之祝。既载齐庭。寿人之章。亦播乐府。诚以嘉时共乐。寿考同希。此在常人。犹申祝典。况德业文章如我夫子羡季先生者乎。先生存树人之志。任秉木之劳。卅年讲学。教布幽燕。众口弦歌。风传洙泗。极精微之义理。赅中外之文章。偶言禅偈。语妙通玄。时写新词。霞真散绮。寒而毓翠。秀冬岭之孤松。望在出蓝。惠春风于细草。今岁二月二日即夏历丁亥年正月十二日。为我夫子五旬晋一寿辰。而师母又值四旬晋九之岁。喜逢双寿。并在百龄。乐嘉耦之齐眉。颂君子之偕老。花开设帨。随淑气以俱欣。鸟解依人。感春风而益恋。凡我同门。并沐菁莪之化。常存桃李之情。固应跻堂晋拜。侑爵称觞。欲祝嘏之千秋。愿联欢于一日。尚望及门诸彦。共襄斯举。或抒情抱。或贡词华。但使德教之昌期。应是同门之庆幸。日之近矣。跂予望之。

在"叶氏驼庵奖学金"首届颁奖大会上的讲话*

叶嘉莹

各位贵宾，各位老师，各位同学：

我今天在这个奖学金颁发会的场合之中感到非常激动。我用我老师的别号"驼庵"命名这个奖学金的名字，就是为了纪念我的老师。我的老师的本名上边是一个"顾"字，下边是一个"随"字，他有一个别号是"苦水"，还有一个别号就是"驼庵"。我开始跟我的老师读书的时候，那是1942年，距离现在已经有五十五年之久了。

刚才陈洪先生①谈到我的两句诗，我的全诗是说：

构厦多材岂待论，谁知散木有乡根。
书生报国成何计，难忘诗骚屈杜魂。

我是说我觉得祖国的建设需要很多很多的人才那是不用说的，所以是"构厦多材岂待论"；至于我，则是"谁知散木有乡根"，我是说我自己是一个不成材的树木，是散木，是没有用的，但是我的根是种在祖国的——我是在祖国受的教育，我是一直到大学毕

---

* 选自《顾随先生百年诞辰纪念文集》。

① 陈洪，时任南开大学副校长。

业后才离开了我的祖国，我所有的一切都是从我的祖国得来的，所以我今天愿意把我的一切回报给我的祖国。

而且最使我难忘的就是我临走，老师送我的一首诗。我是1948年春天离开我的故乡北京的，行前我去跟我的老师辞行，我的老师送了我一首诗——今天有我的师姐和师妹在这里，她们现在还保存有老师这首诗的亲笔手稿——诗里有这样几句：

廿载上堂如梦呓，几人传法现优昙。
分明已见鹏起北，衰朽敢言吾道南。

这几句诗，我的老师是说，教书教了这么多年，老师的希望是能够传法有人，也像刚才陈洪先生说的，我们教学就是“薪尽火传”，我们一个人，个人的生命是有限的，我们祖国的文化的命脉是传之永远的，是无穷的。所以我的老师就是希望有人传法，所以他说“廿载上堂如梦呓，几人传法现优昙”。底下的两句“分明已见鹏起北，衰朽敢言吾道南”，我的老师是说他已经老了，衰朽了，可是寄希望在我，因为我当时离开北平是到南方去，所以说“鹏起北”；“吾道南”是用禅宗的典故，五祖传法给六祖时曾说“吾道南矣”，这是希望我能继承他。我是老师的学生，所以老师希望我能够继承他，把他所传的法带到南方去。

可是我到了台湾以后，遭遇了很多不幸。我1948年到台湾，1949年夏天生了一个孩子，1949年的冬天我先生就因为台湾的白色恐怖、“国民政府”认为他思想有问题把他关起来了；1950年我带着孩子也被关起来了。我曾经历过一段很艰苦的日子，有的时候不但没有一间房屋睡觉，甚至连一个床铺也没有，我是从很艰苦的环境中生活过来的。但是我一直记得我老师对我的期望，应该努力去学习和工作。所以我只想，把我得之于我的老师的东西传下去。现在我虽然是已经年逾古稀——我今年七十三岁多了，过年就是七十四岁，用中国老百姓的话就是“七十五岁快要八十的人了”——大家都说我是“不知老之将至”，其实我不是“不知老之将至”，是“不知老之已至”。我之所以仍愿致力于教学，是因为我觉得我们现在实际上就像陈洪先生说的，很多人对于我们古典的民族文化，不但是不理解，而且经常是不乐于学习和接受。这是一个很大的损失，是我们国家命脉的一个损失。所以我全心全意想为此多做一些事情。

我的能力很薄弱，我感谢南开大学给了我很多的支持。自从我 1990 年从加拿大退休，那时候，母国光校长在位，还有刚才介绍的外事处逄处长，就说希望我回来教书。我本来自知能力很薄弱，我说教书是可以的，但我没有资格成立一个研究所。但是学校给我很多鼓励和支持，我们才办起了这个研究所。研究所刚办的时候，一切都很缺乏，教室啦，设备啦，财力、物力都非常缺乏，很多本校的老师在开始的时候也给了我很多帮助，现在总算勉强能够办起来了。我也得到了海外的一些支持。我现在最大的希望，就是我刚才说的，我这个教书的人——我教了五十多年的书——在我的有生之日的余年，能够找到传法的人，能够把老师的希望继续下去，这是我最大的愿望。

叶嘉莹

1997 年 12 月 25 日

经历了死生离别的师生情谊*

叶嘉莹

2009年冬，我赴北京参加“顾随诗词学术研讨会”，在会场中顾之京教授送给了我一册由她和赵林涛二人合编的题为《顾随与叶嘉莹》的新书。此书卷首刊有影印的老师当年批改我的诗词等习作的手迹三页，及老师给我的书信手迹五函。至于书的内容则分为两部分，上编题曰“昔我往矣”，下编题曰“今我来思”。上编所收录的有老师写给我的书信十二通，及老师批改我的各体作业三十七首，与师生唱和的七言律诗二十四首，以及1948年春我在离京前为当时筹办老师祝寿活动而写的《顾羡季先生五旬晋一寿辰祝寿筹备会通启》一篇。至于下编所收录的则有我于1974年回国探亲及讲学以来三十余年间为整理老师遗著和纪念老师的各种活动所写的文稿和书信七篇，以及1997年我在南开大学为了纪念老师的教诲之恩而设立的“叶氏驼庵奖学金”首届颁奖大会上的讲话一篇。而在此书最后则更有之京师妹所写的跋文一篇。综计此一册书所收的内容，从我于1942年在“唐宋诗”班上老师评改我的习作开始截止到今日，盖已有将近七十年之久了。而之京师妹最近所编辑出版的这一册《顾随与叶嘉莹》，在其今昔对比

* 本文系《顾随研究》（叶嘉莹、张清华编，南开大学出版社2011年3月出版）代序。

的安排以及她在跋文中所叙及的自1948年我与老师告别以后多年来老师在其日记以及书信中所流露出的对我的关爱和怀思，读阅之后，真使我有说不尽的感动。

记得三十年前当我第一次从海外回国探亲时，我最想见到的两位长辈，就是我的伯父狷卿翁和我的老师羡季先生。伯父培养了我读诗和写诗的兴趣，而老师则为我开启了欣赏和体悟诗歌的无量法门。不过当我回到国内时，两位长辈却都已先后去世有十余年之久了。有一天我邀请了之惠师姊、之京师妹及诸位同门学长在北京察院胡同我家的旧居相聚，共同讨论如何收集整理老师遗著之事。当时之惠师姊与之京师妹曾以老师手迹半幅相割赠。其后我曾经写了一首绝句记叙此事说：

归来一事有深悲，重谒吾师此愿违。
手迹珍藏蒙割赠，中郎有女胜须眉。

自当年开始搜集整理老师的遗著到现在又已经三十多年了，在此期间之京师妹曾经整理出版了《顾随全集》四册及老师的其他著作共计十余种之多。在过去我只知道当我离开北京前往台湾而且经历了诸多忧患之后，对于老师曾有深切的怀思。我经常梦见自己仍在课堂中上课；也有时梦见与在昭学姊一同去北京什刹海附近老师的住处去看望老师，却总是被困在什刹海的一片芦苇丛中，怎样也无法走出去。而我当时并无法知道老师对我的惦念，直到这次读到了之京师妹所编辑整理的《顾随与叶嘉莹》一书，其中附录了1949年7月老师写给我的要好的同学刘在昭的一封信，信中曾提到“嘉莹与之英遂不得消息，彼两人其亦长相见耶”。在经历了遥远的时空距离之后，重读老师的信才更体悟到老师对于我们晚辈原来却有着更为深切的惦念。老师在信中所提到的名字“之英”，是老师的第二个女儿，她嫁给了一位空军名叫李朝魁。1948 年冬国民政府迁台，之英师姊遂随其夫婿一同去了台湾，我也于同时随我的在海军工作的外子一同去了台湾。当时老师曾经把之英师姊夫妇在台北的地址写寄给我，希望我们能在异乡常相晤见。而外子的工作单位则撤退到了左营，一南一北相隔甚远。我原想等到一切安定后就去台北看望他们，但不久就发现我已经怀孕，而且也在台湾中部的彰化女中找到了教书的工作，所以没有来得及去看望之英师姊。而当我生下了大女儿言言后不过四个月，外子就因白色恐怖被海军官方逮捕了。第二年 6 月，我的女儿还不满周岁，我也带着吃奶的女儿与彰化女中的校长和另外五位老师一同被关进了彰化的警察局。其后我虽幸被释出，却已无家可归，只得在亲戚家的走廊上晚间铺个地铺暂时安身。直到三年多以后外子被释出，我也在台北找到了工作，举家迁往台北后，我才得按照老师给我的地址去探访之英师姊。而这时之英师姊却已经早就去世了，她的先生和孩子也都已经不在了。据当日他们空军眷属宿舍的邻居相告，获知原来之英师姊迁台以后因气候不适得了哮喘病，不久就去世了，留下李朝魁一个人带领着三个幼小的儿女，而当时军人待遇极差，李朝魁在贫窘哀伤中遂给三个儿女喂食了毒药，而自己也服毒自尽了。据说当时有一个较长的名叫李沪生的男孩曾被救治，没有当即死去，于是我遂拜托了一位名叫傅试中的同班学长去探访这个男孩子的下落，准备收养他。试中学长也是羡季师的学生，而且也是因为在空军服务，才随国民政府撤退来台的。但试中学长虽用心寻访而迄无下落。据之京师妹相告云，他们后来也知道了此一消息，只是当时家人恐怕引起羡季师的伤痛，彼此隐瞒，一直没有挑明此事而已。其后国家开放后，他们也曾托人去探寻这个男孩的下落，但迄无结果。想来这个男孩可能也早已不在了。对于当时撤退到台湾的军眷之生活的贫窘，以及白色恐怖之威胁，我个人对此深有体会。而且据说李朝魁原来服务空军时，是一个飞行官，而有着反对内战的思想，不知他是否也曾像我的先生一样受到过白色恐怖的牵累？我只是比较坚强，所以虽历经艰危困苦而居然苟活下来成为一个幸存者。现在读到之京师妹在《顾随与叶嘉莹》一书中所辑入的这一封老师给在昭的信，想到老师对我们晚辈的关怀惦念以及我与之英师姊两家所遭遇到的忧患苦难，真是令人不禁感慨万千。而且之京师妹在其所辑录的老师致在昭学长的这一封书信之下，还附录有老师在 1948 年 12 月 4 日所写的一则日记，说：“得叶嘉莹君自台湾左营来信报告近况，自言看孩子、烧饭、打杂殊不惯，不禁为之发造物忌才之叹。”那是因为我与外子初抵左营时外子姐夫的妹妹才生产不久，所以我不得不照料他们的生活。在当时，所有我身边的人都认为做家事才是一个做媳妇的本分所应做的事。尽管后来我为了负担全家的生计在学校教书工作极为忙碌之时，身边的人也仍然认为做好家事才是妇女应尽的责任。至于“才”与“不才”，则传统观念本来就认为“女子无才便是德”，更何况我作为一个患难中苟活下来的女子，除了辛勤劳苦维持生活以外，根本无人会关爱到“才”与“不才”之事。而我自己也从来并未敢以“有才”自诩。因此在当时对于一切加在我身上的要求我都只是逆来顺受地承接。所以我曾在一篇文稿中提到过：“我过去在古老的家庭中，曾经接受过以‘含容忍耐’为妇女之美德的旧式教育。”所以对于一切横加于我的责求，都是无言地承受。我在文稿中还引用过王国维咏杨花《水龙吟》中的“开时不与人看，如何一霎濛濛坠”两句词，以为我自己也正如同这两句词所写的杨花一样“根本不曾开过，便已经零落凋残了”。所以当我读到老师在日记中为我的遭遇所发出的“造物忌才”之叹，这种感动真是难以言说的。

除去之京师妹在这册《顾随与叶嘉莹》一书中所提到的老师对我的关怀与爱护之外，其实还有周汝昌学长在他给我的一封信中所提到的一些记叙，也曾使我深受感动。原来我在1948年离开北京以前，与汝昌学长并不相识，其后汝昌学长以其《红楼梦新证》一书蜚声当世，我曾听人说起他原来也曾从羡季师受业，而我久居海外，无缘识荆。直到1979年秋天，当时因美国威斯康辛大学的周策纵教授筹办国际“红学”会议，我因而获得了汝昌学长的地址。而当时我与诸同门正在设法搜集和编辑老师的遗著，于是就给汝昌学长写了一封信，将此意告知。其后收到汝昌学长一封很长的复函，其中有一段话，读后曾使我深为感动。原函是这样说的，“……汝昌于学长原无所知，早岁于羡师诗集中见有《和叶生韵》《再和叶生韵》共七律八首，迥异凡响，因尽和之。并与师言‘叶生’者定非俗士，今何在耶。师不答（自注：此皆通信，非面请也）。后于五二年至蜀，于华西大学执教（自注：外语系），尔时羡师大病初起，即手书云（自注：大意）：‘昔年有句赠叶生："分明已见鹏起北，衰朽敢云吾道南"，今以移赠吾玉言（自注：汝昌贱字也），非敢"取巧"，实因对题耳。'此汝昌自羡师亲聆语及'叶生'之唯一一例，心焉识之，不敢请询也。及今思之，此岂非即指学长乎？羡师一生门墙桃李，而常伤寂寞，自知汝昌其人后，乃不以寻常师弟之谊视之"云云。我读了汝昌学长的信，见到了他所记叙的他问起"叶生何人"而老师乃默然不肯作答的事，从此一记叙既可见老师对学生的悬念关爱之情，更可见当时因海峡隔绝而不得不将关爱之情隐而不发之种种不得已之处。以作为一个老师来说，一般而言，老师当然总是希望能得到一个可以传承的晚辈，而 1952 年老师大病初起之时，乃把多年前赠我的一首寄托了"吾道南"之冀望的诗句转赠给了汝昌学长，则老师之因多年不得我之音信，其失望与伤痛可知。

而且据之京师妹在新辑之《顾随与叶嘉莹》一书中还引有一段老师已亡佚了六十余年的一首《踏莎行》词，原来早在 1943 年春，当我从老师选读"唐宋诗"一课时，有一天老师在课堂上曾偶然提到了雪莱《西风颂》中的"冬天来了，春天还会远吗"两句诗，并用此二句诗意写了两句词云："耐他风雪耐他寒，纵寒已是春寒了。"当年我曾用这两句词填写了一阕《踏莎行》，题曰"用羡季师词句，试勉学其作风，苦未能似"。其后之京师妹整理老师遗著，曾经对我提出过疑问，说在老师的词集中未曾见到与此二句词相应的作品。直到 2009 年夏她才在汝昌学长所提供的老师的旧稿中发现了老师原来在 1957 年 2 月曾写过一首《踏莎行》词。之京师妹对老师这一首佚词曾写了一段按语说："品读新发现的父亲这一首已亡佚六十余年的小词，发现词前之'序文'遥遥照应着叶嘉莹所述当年的那段本事。师弟子二人相隔十余年的两首词用的是同一个词牌《踏莎行》，师弟子二人同样把当年课堂上的断句置于词作之歇拍。老师词作上片之结拍与弟子的词作上片结拍用的是同一个韵字，词中所用意象师生二人也颇有相近似者——这竟是老师对弟子十四年前‘用羡季师句’足成之作所谱的一阕无法明言‘和作’的跨越时空的唱和。”之京师妹按语最后说：“此中所深蕴的不尽的情意，难以言传。”而作为当事人的我，其感动当然更是言语所难以传述的。

今日距离 1942 年我修读老师所开的“唐宋诗”的课，已有近七十年之久，距离我 1948 年离开北京向老师告别也已有六十多年之久，人世之间已经历了无限沧桑之变，而在这些文字的记叙中，这一份经历了死生离别的师生间深厚的情谊却是永恒不变而且历久弥新的。因写为此文并题为《经历了死生离别的师生情谊》。

2010 年 10 月 22 日

叶嘉莹写于南开大学，时年八十有七

后记

写毕前文，重检之京师妹新编之《顾随与叶嘉莹》一书，似有两点尚须补正之处。

其一，在上编所辑录的《顾随批改叶嘉莹诗词曲习作五十七首》之后，有之京师妹所加之“附言”一则，之京师妹以为老师“在一纸散曲小令空白的下半页”所写的“作诗是诗，填词是词，谱曲是曲，青年有清才如此，当善自护持，勉之，勉之”，这“短短几句由衷的赞语”，是对于我那一阶段“诗词曲习作的总结”。这其间有一点误会，因为这几句评语是我进入老师“唐宋诗”班上后所交的第一次各体习作后的评语。我自己当日其实从来没想到过自己有什么才华，只不过以为因为我是从幼少年时代就在家中开始了古诗读写之训练的，而其他同学则是从一般正规的中小学出身，可能没有这种训练，所以我的作品就显得较为纯熟自然，如是而已。而且我那时初选读老师的课不久，未曾与老师交谈过一句话，而老师竟然透过我的习作表现了如此的关爱和奖勉之情，所以当时我对老师的评语实在感动不已。而且数十年来老师对我的奖勉和期许曾一直激励着我在诗词之研读与教学的路上继续努力，唯恐有辜师恩。直到现在虽然已年近九旬，也未敢稍懈，而且过去虽在生活上经历了许多挫折和困苦，但我对诗词之执着的热爱也未曾稍有改变。老师的期许和奖掖一直是支持我在这条路上不断走下去的最大的力量。

其次还有一点我想略加说明的，就是在之京师妹所新辑的这一册书中曾辑录有 1948 年 7 月 7 日老师给我寄到南京去的一封信，信末老师曾指出我在信中把“到处”写作“倒处”是笔误，又说我在信封上所写的“建邺路”之“邺”疑当作“业”字。此则并非笔误，而是当年我在南京所住的街道巷口的路牌所写的就是“建邺路”。老师毕竟是一位心思细密的通人，所以在给我的回信的信封上就也写的是带着耳朵的“邺”字，并没有径改作“业”字。不知现在南京城的这条路是否在巷口的路牌上仍写作“建邺路”，或已经改作“建业路”了吗？世事沧桑，前尘若梦，但在我的心目中，师生之情谊是属于一种精神与心灵的传承和延续，这一份情谊是和诗歌一样有着生生不已之生命的。

最后我还要说的一句话则是，多年来我对之京师妹一直怀有一种感激之意，因为正是由于有之京师妹不断地整理和编辑，才能使老师的德业文章不断彰显于世，而我三十年前写赠之京师妹的诗句“中郎有女胜须眉”，在今天也果然得到了最好的证验。我想老师如果天上有知，也必然会感到极大的欣慰。

师生情谊七十年*

叶嘉莹

诸位老师、诸位同学：

我非常高兴今天又来参加我们新年的晚会，同时还有我们两项奖学金的颁奖典礼。我今天想要讲一个师生情谊七十年的故事，因为今年是 2012 年。我出生在 1924 年，1941 年十七岁考上了当时北平的辅仁大学。那时我们的系主任是余嘉锡先生，他教我们目录学；刘盼遂先生教我们经学史；陆颖明先生教我们声韵学；另外还有赵万里先生，他是王国维先生的学生，教我们戏曲史。大二那一年，也就是 1942 年，我十八岁的时候，开始有“唐宋诗”的一个课程，是由顾随先生担任我们的老师。顾随先生的别号是“驼庵”，我今天讲这个故事，就是想告诉大家我为什么设立了“驼庵”奖学金。而且很巧的是，从 1942 年到今年 2012 年整整有七十年之久了，所以我所要讲的是一个七十年的师生情谊的故事。当然像刚才我所说的，所有的老师我都是非常感激的。我 1979 年回国的时候还约了几位老师聚会，当时陆颖明先生还在，周祖谟先生也还在，我们的同学也有很多人都还在的。可是转眼之间，从 1979 年到现在又是三十几年过去了，老师不在了，同学

---

* 本文系据叶嘉莹 2012 年 12 月 20 日在第十六届叶氏驼庵奖学金颁奖典礼上的讲话补充整理而成，由南开大学中华古典文化研究所提供。

大多也都不在了，我今天还能够很幸运地站在这里来讲这个七十年的故事，我觉得是非常有纪念的意义的。我说“七十年的师生情谊”，还不只是因为我曾经跟老师受教，距离现在有七十年之久了，而且也确实因为七十年之间，我们经历了死生离别，后来虽然不能够见面，甚至于也没有机会通信，但是我们师生间的情谊一直是永远长在的。

龙榆生先生曾经给他的学生题写过一首《浣溪沙》的小词，下半阕说“文字因缘逾骨肉，匡扶志业托讴吟，只应不负岁寒心”。我把他这几句改写了一下，变成“师弟恩情逾骨肉，书生志意托讴吟，只应不负岁寒心”。老师与学生之间的这种情谊，有时甚至于比骨肉更亲近。因为骨肉是天生来的，是血缘的关系，而不在于个人精神、思想上有没有一种自我的选择。而师生的情谊，则是他们的理想和志意的一种传承。所以很多人都觉得师生的情谊是更为可贵的，这是“师弟恩情逾骨肉”。“书生志意托讴吟”，我们讲授古典诗歌，我们的理想和志意，都是寄托在歌诗里边的，而且不只是我们自己的理想和志意，我们也透过古人的诗歌，把他们的品格、理想，他们的志意、怀抱，他们的情操、修养，传递给同学。我很庆幸自己能得到很多非常好的老师的教导，但是他们在课堂上所讲的大半只是知识的传授。而让我能够在品格、修养、人生上又提升一个境界的，我觉得是顾随先生。顾随先生讲课其实很有特色，没有课本，也没有讲义，他上课是一片神行，完全凭灵感来讲诗的。我从小在家里就读旧诗，大概十岁左右就开始作诗了。等我以同等学力考上了初中，我母亲给我买了一套“词学小丛书”，其中有很多名家的词，同时还有王国维先生的

《人间词话》。从此没有人教我，我就无师自通地也学习了填词。我伯父喜欢藏书，不但是经史方面的书他收藏了很多，而且他也买了很多词曲的书，像《元曲选》《散曲丛刊》之类。他并没有教我去读，我就自己找来读。所以当我上大学的时候，我是已经自修，学会作诗、填词和谱曲了。上了顾先生的课，我就把一些旧作写录出来呈交给先生去批改。顾先生在我的习作上写的评语是："作诗是诗，填词是词，谱曲是曲，青年有清才如此，当善自护持，勉之，勉之。"老师给我这个评语以后，我并没有觉得有什么特别的欣喜，"作诗是诗，填词是词，谱曲是曲"，我以为那当然应该是如此的。可是当我教了学生以后才知道，要想"作诗是诗，填词是词，谱曲是曲"，其实并不是一件简单的事情，诗、词、曲之间风格的差异和分野并不容易掌握。那是我交给老师的第一批旧作，顾先生给了我这样的评语。不过我虽然早就在家庭长辈的熏陶下学会了作诗、填词、谱曲，可是是顾先生打开了我的眼界，使我在读古人作品的时候，开始有了一个比较高的眼界，能够分辨什么是好诗，什么是坏诗。我觉得自己本来像一只苍蝇，关在屋子里边，东撞一头，西撞一头，等到忽然间有一天开了一扇天窗，我一下飞出去了，看到天光云影的高远美丽，那是顾先生为我打开的这一扇窗，所以我对老师是特别感念的。我听了顾先生的课以后，就不仅听他诗选的课，也同时听他很多别的课。当时顾先生在辅仁大学只教诗选、曲选，另外他在中国大学也教词选的课，所以我就骑自行车赶到那边去听词选的课。一两年后，老师发现我什么课都听了，就不想重复讲同样的内容，所以他后来就常常开新的课，比如《论语》《中庸》，还有陆机的《文赋》。而我听老师讲课，则总是心追手写，记很详细的笔记，所以我的笔记也记了很多，大概有十本笔记本，另外活页的笔记则不计其数，那都是我七十年前的旧笔记了。后来经过多少流离迁徙，我把它们一直带在我的身边，因为我当时心里有一个想法，我觉得我的书籍、衣物都是不重要的，那些东西丢了以后还可以再买回来，只有老师这十几本笔记，我知道世界上再也没有这样的笔记了。顾先生讲课，虽然听讲的同学很多，但是同在一个课室里听讲，每个人所得的多少是完全不同的。何况老师没有固定的课本和讲义，他上课时随说随写，常常只在黑板上写几句重要的话，而就是这样的讲授，很多同学并不记录，为什么不记录呢？一个原因，因为顾先生讲课常常引一些古人的诗词，如果对于古诗词不能熟读记诵，就没有办法记下来。还有老师写字常常有一些行草的书法，也是很不容易记下来的。所以我可以说天地之间，除了我所记写的老师讲课的笔记，再也没有别人记下来这样的笔记了，我以为这是天地之间非常可宝贵的。因为我的老师讲诗，实在是讲得好，我没有碰见过另外一个人讲诗讲得这么样好的。我以为自己平生做了两件事情，在文化的传承上是有意义的。一个就是顾先生说诗的笔记我记下来了；还有一个就是教我大一国文的戴君仁先生，他的吟诵非常好，当年没有录音，后来在台湾我请我的学生为戴先生录了一卷录音，包括五七言古近体，有将近一个小时的录音，现在在网上大家都可以看到。我觉得在文化的传承上，我所做的这两件事情是有意义的。

最初顾先生在我所交的习作上常有些指点和批改，及至1944年我交给老师我的近作《晚秋杂诗》六首习作，他非但没有批改，而且还和了我这六首诗。可是我其实跟老师不大讲话，因为我当时不是很爱讲话的一个人。1945 年我大学毕业就到中学去教书了，不过我还一直坚持在听老师讲课。1946 年夏天顾先生给我写了一封信，信中说：

> 年来足下听不佞讲文最勤，所得亦最多。然不佞却并不希望足下能为苦水传法弟子而已。假使苦水有法可传，则截至今日，凡所有法，足下已尽得之。此语在不佞为非夸，而对足下亦非过誉。不佞之望于足下者，在于不佞法外，别有开发，能自建树，成为南岳下之马祖，而不愿足下成为孔门之曾参也。

老师以为他所传之“法”，我这个学生都已经得到了，而他所期望的，是我能够在他的“法”外，“别有开发，能自建树，成为南岳下之马祖”，而不只是做孔门的曾参。曾参是夫子说什么他就说什么，孔子说“吾道一以贯之”，曾子曰“唯”。（《论语·里仁》）顾先生不希望我只做一个唯唯诺诺的能够遵守师说的弟子而已，而希望我如同南岳怀让的弟子马祖道一那样，能够“别有开发，能自建树”。老师对我的这种期望，我当年觉得非常地惶恐和惭愧，我也不知道我的老师为什么竟然把这份期望，加在我的身上了。我当年只不过是一个女学生，而且小的时候是关起门来在院子里长大的，非常害羞，所以在同学之间公开的场合，常常一句话都不敢讲。后来老师的女儿顾之京告诉我说，她父亲的学生很多她都认识，而对于我，她当年只知道我的名字而并不认识。我不是喜欢说话和表现的人，所以在老师面前我也只是和同学一起听讲，常常并不讲话，我真的不知道老师为什么把这样的期望加在我的身上了。不过老师是一直希望我能够继承他，能够把诗词里边那种真正的感发的生命传播下去，这也是我一直坚持到现在还在讲课的缘故。可是1948年的春天，我因为结婚的缘故就离开了北京，去了南方，当时老师曾经写了一首诗送给我：

送嘉莹南下

食荼已久渐芳甘，世味如禅彻底参。
廿载上堂如梦呓，几人传法现优昙。
分明已见鹏起北，衰朽敢言吾道南。
此际泠然御风去，日明云暗过江潭。

“廿载上堂如梦呓，几人传法现优昙”，他说自己在讲台上教书几十年，如同“梦呓”，就好像说梦话一样，而在他所教的学生之中，有几个人真的能够继承他的精神和理念呢？“几人传法”，能开出像佛经所说的优婆昙那样美丽的花朵。我是1948年3月走的，在南京我也曾经跟老师通过几封信，可是1948年11月因为我先生赵钟荪工作的调动，当时国民政府要从南京撤退到台湾去了，所以我就跟我的先生去了台湾。到了台湾我还跟老师通过几次信，可是后来就断绝了音信，从什么时候断绝的呢？从1949年以后就断绝了。1949年5月台湾发布戒严令，白色恐怖的阴霾从此笼罩了整个台湾，打击的对象包括知识分子、军人、农民、工人，有左翼思想倾向的人则首当其冲。当时我在台湾的彰化女中教书，我先生在左营，因为他属于海军。1949 年 12 月 24 日平安夜的晚上，我先生从左营到彰化女中来探望我，那个时候我们的女儿还只是四个月大。25 日圣诞节的清晨，天还没有完全亮，就敲门进来一群海军的官兵，他们怀疑我先生有思想问题，搜查了所有的东西，然后把我先生就带走了。那我不放心，就匆匆忙忙地准备一些小孩子的东西，带着我的女儿坐火车跟着他们过去了，一直到左营的海军军区。从此以后，我先生就被关起来了，我无以为生，就又回到彰化女中继续教书，而且我隐瞒了我先生因为思想问题被关的事情，否则的话彰化女中就不敢请我了。可是第二年夏天我的女儿还没有满周岁，我跟我的女儿还有校长和另外四个老师也都被关起来了。从此以后，我就跟顾先生再也没有通信了。

而去年（2011 年），差不多已经是六十多年以后了，我在整理我们家东西的时候，因为我先生在四年前也过世了，家里很多杂乱的东西需要整理。我就在一堆旧信里边，找到了一封我老师的信，是我当年没有收到的一封信。台湾拍过一个电影《海角七号》，讲一封没有投到的信，这件事情在我的身上就真的发生了。我是六十年之后才知道老师给我写过这样一封信，其实还不是给我的信，是顾先生在给我的信里附了一封给台湾大学的台静农先生的信，给我的信已经不见了，而这封附信居然保存下来了。信封的正面写的是台湾大学台静农教授的名字，信封的背面写了几个字："左营海军军事学校教练处赵钟荪转"。这是六十多年前的信，我是去年才看见的。这封信证明老师是非常关心我的，他曾经要把我推荐给台湾大学中文系的系主任台静农先生。可是这封信我没有收到，一直到去年我才看见这封信。我当时从被关押的地方出来就失业了，无以为生，寄居在亲戚的家里。后来当我先生被放出来以后，经由我另外的老师许世瑛先生、戴君仁先生的介绍，我还是到台北各大学去教书了，我也曾经写过一篇纪念台湾几位师友的文章（《怀旧忆往——悼念台大的几位师友》），以表示我的感激之意。而我不知道，原来顾先生也曾经给台静农先生写过一封推荐我的信，信的内容说：

静农吾兄如晤：

穷忙久未书候。闻台中此际天气温煦，有如北国春夏之交，想起居佳胜也。兹启者，辅大校友叶嘉莹女士，系中文系毕业生，学识写作在今日俱属不可多得，刻避地赴台，拟觅相当工作。吾兄久居该地，必能相机设法，今特令其持函晋谒，倘蒙鼎力吹嘘，感等身受。南望驰怀，书不能悉。

敬颂

撰祺

弟　顾随　拜手　十二月十日

霁野、因百两兄统此

好在顾先生还有一些残存的日记，我们可以考证这封信写作的确切年份。老师 1948 年 12 月 4 日的日记记载："得叶嘉莹君自台湾左营来信，报告近况，自言看孩子、烧饭、打杂，殊不惯，不禁为之发造物忌才之叹。"12 月 5 日的日记记载："作一书与叶君。"12 月 10 日的日记记载："发致叶君信。"我想老师一定是得知我在台湾的近况以后非常关心，在给我寄信的当天又写了这封给台静农先生的信。而我没有收到的给我的那封信正是日记记载12月5日所写的一封信。这足可见到老师对我的关怀，对我的期望，是使我非常感念的。

其后1949年7月顾先生在写给我的同学刘在昭的一封信中又曾说："嘉莹与之英遂不得消息，彼两人其亦长相见邪？"那时台湾已经戒严，所以我们就断绝了音信。之英是老师的二女儿，也到台湾去了，她的先生是空军，我们都是因为先生在国民党的军队里工作所以随国民政府撤退到台湾去的。我跟我先生是白色恐怖被关了，而顾之英去了台湾以后不久，因为气候、环境、生活种种的原因，她去世了。顾之英去世以后，她的先生李朝魁自杀了，而且在自杀以前把他们家的三个孩子都先喂了毒药，全家都不在了。这当时我都不知道，本来我的老师也叫我去看望顾之英的，可是我到了台湾以后就怀孕生女，而且当时台湾交通不便，左营到台北要坐一整天的火车，而且我生了女儿以后不久就被关了，所以我没有办法跟她联系。等我先生放出来了，我们到了台北，我就去空军的眷属宿舍找顾之英，他们的邻居告诉我说，他们全家都不在了。有人还说当时救下来一个男孩子，叫李沪生，可是他在哪儿呢？那些人就不清楚了。那我就又找了一个人，也是我们辅仁大学的同学，叫傅试中，他在空军工作，我就托他去帮我找那个孩子，我当时其实是预备领养那个孩子的，可是没有找到。后来当我回国见到老师的小女儿顾之京的时候，她告诉我说，其实当年她的姐姐全家这样的不幸，大陆的报纸曾经将之作为台湾白色恐怖的事件报道过，家里人不敢把这件事情告诉老师，就把报纸藏起来了，说今天的报纸没有拿到。后来他们就发现，老师也有可能在别的地方看到了这个消息，应该知道了这件事情，可是他也不愿意在家里边挑明，所以彼此都不说。在这些事情发生以前，当1949年7月老师给刘在昭写信的时候，他不知道我们的情况，所以在信中说我和之英两个人都不给他写信了，可是我们两个人是不是常常见面呢。其实我在台湾没有见过顾之英一面，等我去找她的时候她已经不在了。老师信里说得很含蓄，他当然不知道我们怎么样了，但其实我们那时候是遭遇了这样的不幸，这是我们在离乱之间的情况。

音信断绝以后，不但是老师不知道我们的遭遇，我当然也更不知道老师的心境是如何了。我是多少年以后，因为一些偶然的机缘，从旁的方面才听说了解到，其实当年音信断绝以后，老师对于我仍然是关心怀念的。他不但在日记和给我同学的书信里提到我，在给与我不相识的人的信里也曾经提到我的，这个人就是周汝昌先生。我和周汝昌先生原本并不认识，后来我在海外才获知他也曾经跟顾先生受业。直到1979年秋天，当时因为美国威斯康辛大学的周策纵教授筹办国际红学会议，我们都在受邀之列，我因而得到了周先生的地址。而那时我和诸位同门正在设法搜集和编辑老师的遗著，于是我就给周先生写了一封信，希望他能共襄此事。1980年春天，我收到周先生一封很长的回信，读后曾使我深受感动，原信说：

……汝昌于学长原无所知，早岁于羡师诗集中见有《和叶生韵》《再和叶生韵》共七律八首（整理者按：实有十二首），迥异凡响，因尽和之。并与师言“叶生”者定非俗士，今何在耶。师不答（原注：此皆通信，非面请也）。后于五二年至蜀，于华西大学执教（原注：外语系），尔时羡师大病初起，即手书云（原注：大意）：“昔年有句赠叶生：‘分明已见鹏起北，衰朽敢云吾道南’，今以移赠吾玉言（原注：汝昌贱字也），非敢‘取巧’，实因对题耳。”此汝昌自羡师亲聆语及“叶生”之唯一一例，心焉识之，不敢请询也。及今思之，此岂非即指学长乎？羡师一生门墙桃李，而常伤寂寞，自知汝昌其人后，乃不以寻常师弟之谊视之，半生精力倾注于汝昌者实多（原注：指与汝昌通信论学，唱和之勤、之专也），至言“我有平生不与家人言之之事，今独与玉言言之”，则可知其情矣……

周汝昌当年看到顾先生的诗集里有和我的诗，就问老师：“‘叶生’者定非俗士，今何在耶？”可是“师不答”，老师没有给他回答。1952 年他到四川去教书了，老师给他写信说“昔年有句赠叶生”，说从前写过诗句送给叶生；“分明已见鹏起北，衰朽敢云吾道南”，“今以移赠吾玉言”，“玉言”是周汝昌的字，老师对他说：我当年给叶生写的诗，现在送给你了。“非敢‘取巧’”，老师说：我不给你写新的句子，而把当年给叶生的句子送给你，“实因对题”。因为他当时也到南方去了。这时候老师以为我已经没有下落了，他的传法不知如何了，所以他就把传法的“吾道南”的诗句转赠给周汝昌了。老师当年没有回答周汝昌“叶生何在”的疑问，那当然是因为我当时在台湾。我想老师默然之间，内心之中一定有着难与人言的悲慨，可是因为海峡的政治的隔绝，他不得不将这种关怀悬念的感情隐而不发。1952 年当老师大病初起时，把四年前赠给我的一首寄托了“吾道南”之冀望的诗句转赠给了周汝昌，这其中老师因为多年得不到我的音信，他的失望与伤痛是可以想见的。而我几十年以后读到周汝昌先生的这封信，我内心的感动也是难以言表的。

后来还有一件事情使我非常感动的，就是 1957 年老师曾经追和了我一首《踏莎行》的词，这也是到 2009 年我才知道的。1943 年春天，我还在老师“唐宋诗”的课上听讲，老师有一次上课偶然提到雪莱的《西风颂》。《西风颂》有两句说：“冬天来了，春天还会远吗?”当时北平已经沦陷有六年之久了，大家都期盼着抗战的胜利，老师上课就说他用雪莱这两句诗的诗意填了两句词：“耐他风雪耐他寒，纵寒已是春寒了。”他就把这两句词写在了黑板上，然后我就用这两句填写了一首《踏莎行》交给老师作为作业：

踏莎行

用羡季师句，试勉学其作风，苦未能似。

烛短宵长，月明人悄。梦回何事萦怀抱。撇开烦恼即欢娱，世人偏道欢娱少。　　软语叮咛，阶前细草。落梅花信今年早。耐他风雪耐他寒，纵寒已是春寒了。

当时老师还曾经给我这首词写过评语，说：“前阕大似《味辛词》。”《味辛词》是老师的词集，他说我上半首写得跟他的词的风格很相近。后来我离开北平了，就与老师失去了联系。可是顾之京整理老师的遗著，她看到我的诗词稿，说老师曾经有这么两句词，可是她查遍了她父亲所有的诗词稿，也没有这两句词。一直到2009年，她才从周汝昌先生所提供的旧稿中找到，原来老师在1957年2月曾经填写了一首《踏莎行》，正是用了这两句词：

踏莎行

今春沽上风雪间作，寒甚。今冬忆得十余年前困居北京时曾有断句，兹足成之，歇拍两句是也。

昔日填词，时常叹老。如今看去真堪笑。江山别换主人公，自然白发成年少。　　柳柳梅梅，花花草草。眼前几日风光好。耐他霰雪耐他寒，纵寒也是春寒了。

当顾之京发现这首词以后，她写了一段按语说：“品读新发现的父亲这一首已亡佚六十余年的小词，发现词前之‘序文’遥遥照应着叶嘉莹所述当年的那段本事。师弟二人相隔十余年的两首词用的是同一个词牌《踏莎行》，师弟二人同样把当年课堂上的断句置于词作之歇拍。老师词作上片之结拍与弟子的词作上片结拍用的是同一个韵字，词中所用意象师生二人也颇有相近似者——这竟是老师对弟子十四年前‘用羡季师句’足成之作所谱的一阕无法明言‘和作’的跨越时空的唱和。此中所深蕴的不尽的情意，难以言传。”而作为当事人的我，内心的感动当然更是言语所难以传述的。

我到台湾以后遭遇到很多不幸，所以50年代我的整个心境是很悲观的。我那时候最常记起来的，就是王国维先生用东坡韵咏杨花的《水龙吟》词开头的两句“开时不与人看，如何一霎濛濛坠”，我以为自己就像静安先生所咏的杨花一样，还没有开过，就已经零落凋残了。所以当我得知老师在日记里也不禁为我“发造物忌才之叹”的时候，老师对我的那一份欣赏，那一份期望，和获知我近况以后的那一份哀感，真是使我有深切的感动。而我当时虽然遭遇了那样的不幸，心境也很悲观，但是我也没有忘怀我的老师。不但那些听课的笔记我一直随身携带，完整地保存下来了，还有老师写给我的书信，赠给我的诗，我也都视为无价之宝，行箧以随。我那时常常梦见回到过去读书的时代，梦见我跟我的同学刘在昭一同去拜望老师，但当我们出了辅大女校后门走到什刹海附近时，就看到里边长满了很高的芦苇，我们怎么也没有办法从那片苇丛中走出去，那条路总是不通的，然后我就蓦然惊醒，留下满怀的悲哀和怅惘。我想我自己潜意识里边一直没有忘记老师对我的期望，而我当时面对种种的不幸，只不过勉强活下来而已，自己感到我已经没有办法达成老师的愿望，觉得对不起我的老师，所以才常常做那样的梦。我当时在梦境之中还曾经写过一副联语，那是我梦见自己在给学生讲课，讲黑板上我写的一副联语：

室迩人遐，杨柳多情偏怨别

雨余春暮，海棠憔悴不成娇

因为是梦中的联语，所以这副对联没有收到我的诗词稿里边。上联“室迩人遐”，出自《诗经·郑风·东门之墠》，“其室则迩，其人甚远”，是说住的地方看起来很近，但所怀念的那个人却很远。“室迩人遐，杨柳多情偏怨别”，人生的离合聚散，都是不由自主的。下联“雨余春暮”，一场雨后，春天真的是迟暮了，“海棠憔悴不成娇”，海棠花已经如此之憔悴了，失去了它原有的娇美。这虽然是梦中所写的句子，但却正是那个时期我潜意识里边的真实感受。天下的事情真的很难说，1958 年台湾大学中文系的系主任台静农先生知道我梦中曾经写过这样一副联语，就把它写成了书法，还叫人装裱制成了镜框，亲自送来给我。我猜想台先生当年可能听说过我到台湾以后的遭遇，他读出来我这副对联所反映的我当时的心情，所以才如此郑重地写成书法送给我。而很可惜的是，这副我平生最为珍赏的书法，竟然于 2010 年岁末从我温哥华的家中被盗走了，后来我还曾经因此写过一篇纪念的文字，题目是《物缘有尽，心谊长存》，我以为物缘虽然总会有终尽的一天，但是这里边所包含的我和台先生之间的心谊则是长在的。还不只是我和台先生之间的心谊，最近我的学生告诉我——他读书很仔细，记忆力也很好——他说我当年梦中所写的这副对联，其实里边有一句是用了我老师的句子，在我当年听讲的笔记里记录了老师所写的一首《浣溪沙》：

乍可垂杨斗舞腰，丁香如雪逐风飘，海棠憔悴不成娇。

有鸟常呼泥滑滑，残灯坐对雨潇潇。今年春事太无聊。

老师的词里边也写了杨柳，也写了海棠，而且我下联里边的“海棠憔悴不成娇”，正是老师这首词里边的句子。我过去并没有想到，是我的学生告诉我的。所以这表示我下意识中也记得老师的诗句。台先生当然不知道其中有顾先生的诗句，而且当时我与台先生都不知道老师曾经给他写过一封推荐我的信，而台先生精心郑重写成送给我的书法，其中竟有一句是顾先生的句子。这真是冥冥之中的一种巧合。

1950年代中期，我开始在台湾大学教书，不久又在淡江大学和在台湾复校的辅仁大学兼课。前面所讲的顾先生写给台静农先生的信里，老师还提到两个人，就是郑骞（因百）先生和李霁野先生。郑骞先生当时也在台大教书，1956年夏天，台湾的“教育部”举办了一个系列讲座，邀请一些有名的教授去讲课，他们当时就请郑骞先生去讲词，可是郑先生当时太忙，他就推荐我去，所以我就去讲了唐五代和北宋的词。讲座结束以后，“教育部”又要我们这些讲课的人，每人写一篇文章刊登在当时台湾“教育部”出版的《教育与文化》这本刊物上，所以1957年我才写了大家现在所能见到的我的第一篇评赏诗词的文字——《说静安词〈浣溪沙〉一首》。郑骞先生看了我的文章以后，就对我说：“你所走的是顾羡季先生的路子。”郑先生是顾先生的好友，对老师也非常理解，他以为我可以说是继承了顾先生的衣钵，得其神髓了。不过我当时忧患余生，内心并未敢抱有什么“传衣钵，得神髓”的奢望，我只是尽自己的力量教书，偶然写一点带有自己投影的文字而已，是后来我才慢慢跳出一己的感情来开始撰写正式的论著的。不过不论是哪种风格的文字，我都是以我自己内心的真诚感受为主来写的，是我内心真的有所感发，才笔之于书的，这当然也是受了我老师的影响。至于老师在信里同时也提到的李霁野先生，则更是我1979年回国以后坚持邀请我到南开来教书的一位师长，他也曾经到过台湾，不久就返回大陆了。1979年我开始回国教书，国家教委本来安排我去的是北京大学，李霁野先生当时在南开做外文系的系主任，他知道我回来了，就坚持邀请我来南开教书。后来一直到现在，我和南开大学才结下来这三十几年的因缘。所以我一直以为虽然我和我的老师分别，不能见面和通信了，但是冥冥之中总是有一种指引，有一种力量，不但让我在忧患困苦之中能够坚持活下来，还让我葆有对诗词里边那种感发生命的终生的热情和对于教学传承的执着，这也是我为什么一直到现在还在坚持中国古典诗词之教学的缘故。

1969年我到了加拿大，那时候台湾的“商务印书馆”正要出版我的《迦陵存稿》，那也是我的诗词稿第一次正式结集出版。当时我也还在漂泊之中，不知道自己最终要落到什么地方，所以内心也有很多感慨。我觉得自己离开故乡越来越远了，真的不知道什么时候才能够回去，我当时最怀念的还是对我影响最大的我的老师和我的伯父。所以那一年的除夕，我在给我的《迦陵存稿》作跋的时候，就也曾经写过这样的话：“年来往返国内外，每检箱箧，时睹旧稿，则羡季师评改之手迹犹新，而伯父狷卿翁之音容笑貌，亦恍如仍在目前，然而竹幕深垂，不通音问者，盖已廿载有余矣。且伯父狷卿翁及羡季师并皆体弱多病，于三十七年（1948年）春嘉莹离平时即已衰象毕呈，则今日之安危存殁，盖有不忍深思者矣。”其实伯父和老师早已在1958和1960年便已先后离世，等到 1974 年我第一次回国探亲，那时候我最想见到的就是我的老师和我的伯父，可是他们都已经不在了，留下的是我终生的遗憾。

佛教说传法如同传灯，《维摩诘经》上曾经说："有法门名无尽灯，汝等当学。无尽灯者，譬如一灯燃百千灯，冥者皆明，明终不尽。"诗词中的那种感发，绝不只是知识，它是一种生命，是能够提升你的心灵和品质的一种能量。这就像是佛教所说的传灯，"一灯燃百千灯"，从一个灯的火焰能够点燃百千灯的火焰，灯灯的继续相传，能使"冥者皆明，明终不尽"。我的老师点燃了我心中的灯，他也希望我能够把这一点火焰传递下去，所以我很希望同学在学校学习的，不只是知识，不只是学问，而是真的在你们的品格、情操、心灵方面能够更有所提升的一种生命和力量。而联想到传灯的"灯"，我曾经写过一些与灯有关的诗词，现在可以简单给大家讲一讲。前面提到 1944 年在大学读书时我写了《晚秋杂诗》五首和《摇落》一首一共六首七言律诗，本来是交给老师的习作，可是这次老师没有批改，他发回来的，是他和了我的六首七言律诗。那后来到了冬天了，老师既然和了我的诗，所以我就又写了六首诗，用同样的韵，所谓"和韵"。我的老师也又和了我六首诗。这些诗我来不及细讲，我只讲其中我所写的提到灯的一首：

羡季师和诗六章用《晚秋杂诗》五首及《摇落》一首韵，辞意深美，自愧无能奉酬。无何既入深冬，岁暮天寒，载途风雪，因再为长句六章，仍叠前韵

尽夜狂风撼大城，悲笳哀角不堪听。
晴明半日寒仍劲，灯火深宵夜有情。
入世已拚愁似海，逃禅不借隐为名。
伐茅盖顶他年事，生计如斯总未更。

那是沦陷中的北平，“尽夜狂风撼大城，悲笳哀角不堪听”，北京冬天的风是非常大的，吹起来带着哨声这么响的。因为我们是在沦陷区，已经到了最艰苦的阶段，不用说粮食，我们当时只能吃混合面，我去上学，走出门来，墙角底下就是冻饿而死的人，这是我在沦陷区那抗战最艰苦的阶段所亲眼看见的。“晴明半日寒仍劲，灯火深宵夜有情”，好不容易“晴明半日”，似乎有了一点好的消息，有了一点盼望，但是那胜利，那真正太平安乐的日子还是很遥远的。“晴明半日寒仍劲”，但是“灯火深宵夜有情”，当然在这么寒冷的夜晚，外边寒风怒号，冰雪满天的时候，你房间里边有红色的灯火，有一盏油灯，当然是“有情”，而且这个灯火不只是你眼前的现实的这一点灯火，是你心中有没有灯火。“入世已拚愁似海”，一个人如果不想做事情就算了，你如果入世，就要拚出去，要面对和担荷一切的痛苦和不幸，我是经历过很多忧患困苦的，但是我活下来了。“逃禅不借隐为名”，所谓“逃禅”，有些

人觉得世间这样的污浊混乱，所以就闭门独善，自命清高，说我是学道的，我的品格是高的，我怎么能够跟你们混在一起呢。而我说“入世已拚愁似海，逃禅不借隐为名”，我是说我自己内心是远离人世间这些污浊混乱的，我没有那些物欲的追求，但是我并没有说我要到深山老林之中去隐居，来表现我可是清高的。“入世已拚愁似海”，就是说我是关怀人世的，我有这样的感情，有这样的心意，可是“逃禅不借隐为名”，因为我不沾染世界上一切的利欲。这就是我老师所说的“以无生的觉悟做有生的事业，以悲观的心情过乐观的生活”。所以我说“伐茅盖顶他年事，生计如斯总未更”，我自己从来没有打算过要为自己做怎么样的安排，我落到哪里那都是命运的安排。后来我还写过一首咏灯的词：

鹧鸪天

友人寄赠“老油灯”图影集一册，其中一盏与儿时旧家所点燃者极为相似，因忆昔年诵读李商隐《灯》诗，有“皎洁终无倦，煎熬亦自求”及“花时随酒远，雨后背窗休”之句，感赋此词。

皎洁煎熬枉自痴。当年爱诵义山诗。酒边花外曾无分，雨冷窗寒有梦知。　　人老去，愿都迟。蓦看图影起相思。心头一焰凭谁识，的历长明永夜时。

李商隐写过一首咏灯的诗，说灯是要燃烧的，“皎洁终无倦，煎熬亦自求”，所以它的忍受煎熬是出于自求，是它自己有这样的一种感情，有这样的一种志意，所以“皎洁终无倦，煎熬亦自求”。灯也有幸与不幸。幸运的灯是被诗人拿着去赏花，“只恐夜深花睡去，故烧高烛照红妆”，“花时随酒远”，这是幸运的灯。可是有的时候不幸运的灯，则是“雨后背窗休”，在凄风冷雨的夜晚，这个灯被吹灭了。所以灯也有这样两种不同的遭遇。可是灯本来的使命，是要去燃烧自己，照亮别人的。我小时候家里边窗前有一丛竹子，我曾经写过一首诗：

对窗前秋竹有感

记得年时花满庭，枝梢时见度流萤。
而今花落萤飞尽，忍向西风独自青。

我小的时候生活很贫乏，是关在家门里边长大的，连小学都没有上。所以我就写我们家的院子，“记得年时”，春夏的时候，“花满庭”，院子里我母亲种了很多花，“枝梢时见度流萤”，夏天那树枝的枝梢常常有萤火虫飞来飞去。“而今花落萤飞尽”，现在花也落了，萤火虫也不见了，我就对我窗前的“秋竹”说，你“忍向西风独自青”？你怎么忍心看着花也落了，萤火虫也不见了，独自对着西风，还这样青翠如斯呢？我当时不过十五岁，我很奇怪自己为什么说那样的话。就是说我所关怀的不是自己，而是周围的环境。就如同灯一样，天生来就是要燃烧自己，照亮别人的。所以我说我是“皎洁煎熬枉自痴”，我自己有这样一种痴情。而我的生活遭遇，则是“酒边花外曾无分，雨冷窗寒有梦知”，我平生经历了很多忧苦和患难，在现实之中，我没有一般人，像那些幸运的灯被拿来赏花祝酒的那种“酒边花外”的快乐。可是我也有我自己的快乐，那就是我和我所迷恋热爱的诗词相伴了一生，即使在那“雨冷窗寒”的夜晚，我心中有一盏灯，它照亮着我的梦，所以我的梦从来没有冷过。最后我说“心头一焰凭谁识，的历长明永夜时”，我心头的这一点火焰，真的有谁能够认识，更有谁能够传递，我现在虽然是“人老去，愿都迟”了，可是我还预备尽我的力量，把我老师所传递给我的那一点火焰，传递下去。我虽然老了，但是我内心的那盏灯还是和当年老师把我点燃的时候一样，皎洁的历，永夜长明的。

我的老师希望我能够做一个传法的弟子，我只是在努力，我不知道自己能不能做到。但是作为老师，总是希望能够有一个继承的人。我自 1945 年大学毕业，曾在当时北京的三所中学任教，1948 年离京南下，当然没有退休金。到南京后曾在一所私立中学任教，而 1948 年底就随我先生工作调动去了台湾，当然也没有退休金。1949 年初到台湾彰化女中任教，到 1950 年夏因白色恐怖离职，当然也没有退休金。恐怖期中蛰居台南一个私立中学任教三年，当然也没有退休金。1953 年转到台北市二女中任教仅一年就被台大聘去兼课，也没有退休金。1954 年我在台大改为专任，到 1969 年离职赴加拿大，任期只有十五年，也没有退休金。1989 年我六十五岁，从加拿大不列颠哥伦比亚大学退休，虽然教了二十年书，但因第一年来任教时是客座的身份，计算起来专任之期不过十九年，所以也不能拿到全额退休金。至于我自 1979 年以来，虽曾在国内多所大学讲课任教，但都是自费回国，无偿讲学，何况我已早逾退休年龄。南开支持我多年在此讲学，并成立了中华古典文化研究所，得遂我传灯讲学之愿，我对南开大学极为感激，所以我愿意将平生所得退休金捐出一半设立奖学金，今天我还想借此机会对南开大学多年来给我的爱护和支持表达深切的感谢之意。我以我老师的名义设立了这个奖学金，我当年所捐出的是我一生教书所得的唯一的一份退休金的一半，当时的十万美金约合一百万人民币，而多年来币值的改变，现在当然已经微不足道了，可能同学得到的奖金连在今天吃一顿豪华的酒宴都不够，但是我设立奖学金的初心和愿望，包含了我对老师的怀念与感激，现在可以说更包含了我们经历了死生离别的七十年师生的情谊。我是希望我们年轻的同学，真的有人能够对古典诗歌有深入的体会，真的能够有所成就。“心头一焰凭谁识，的历长明永夜时。”我希望我的那一点光焰能够有年轻的同学，像传灯一样，能够传下去。我希望大家不只是注重知识和学问，更不只是看重物利和金钱，而是像我的老师和我一样，我们透过诗歌里边那种感发的生命，能够建立跟葆有一份恒常永在的情谊和光亮！

谢谢大家！

点滴回忆顾随先生*

李文林

半个世纪过去了，不少事都忘了，但回忆顾先生给我们讲课的情景仍然十分清晰，先生给我们讲唐宋诗时，常常走上讲台一言不发，先在黑板上写一首诗，然后告诉我们黑板上的诗是他在来上课的路上想起来的，或是他的近作。这种做法，一上课就抓住了我们的注意力，大家不由自主地、好奇地注视着黑板，想着看黑板上到底写的是什么，同时也想着诗的作者——我们敬佩的老师就站在讲台上，使我们读起他的诗来倍感亲切，也引发了我们对学诗和写诗的极大兴趣。

讲古诗能将古诗的味道讲出来很不容易，先生有时选两首同一题材的诗给我们对比着讲。他用通俗而生动的比喻说，我们吃面条有“韭菜扁”，有“一窝丝”，各有各的味道，同一题材的诗写法不同，味道也不同。先生还把清新的诗比作鲜嫩的绿豆芽，让我们去品味诗的味道。因此我们听先生的课不仅是一种学习，同时也是一种艺术享受。如果没有深厚的学问功底，没有课前的认真思考，仅凭才华是不可能把课讲到这个水平的。

先生给我们上过“历代文选及习作”课，那时先生要求我们用文言文写作，而我可真不知“之”“乎”“者”“也”怎样安排。

---

* 本文系为纪念顾随先生百年诞辰而作，选自《顾随先生百年诞辰纪念文集》。

写起作文来文白夹杂，自己都觉得不像样子。但只要我的作文中有一点可取之处，先生都给予很大的鼓励。记得先生有一次给我们出了个作文题《北平之冬》，我想了半天想不出怎样开头好。刚好那时快到阳历年了，用文言文来说也就是岁暮了，而对我们这伙穷学生来说，北平的冬天赐给我们的便宜食品要数冻柿子和烤白薯了，因此我认为这两样吃的能象征北平的冬天，于是我脑子里飘出个开头来："岁暮天寒，柿冻薯甘，北平之冬来临矣。"不料作文发下来时，先生给这个开头加上红圈，还眉批道："有小品文味道。"我看了十分惊讶，心想我还能写出点小品文味道，要再用点功也许还能把作文写好点。从此便更加认真对待文选课，将选文熟读、背诵。等到快放寒假的时候，先生让我们寒假时练习写作，开学后交给先生看，但没有规定篇数。我写了五六篇，快把一个作文本写完了，开学后交给先生，我想先生不过是检查写了没有。谁知两三周后作文本发下来时，我那大半本子作文每一篇都写上了批语。我心里又是感激又是不安，先生为我们确实费了过多的时间和精力。

毕业后我在系办公室工作，不时为了临时调动先生的课呀，或请先生举办无偿讲座呀等等事件去打扰先生。这类我觉得难以向先生开口的事情，只要我说出来，先生总是松松爽爽答应了，从不推托。先生为人处世这样平和超脱，如果没有很好的品德修养，是办不到的。

先生给我批改的作文，我听先生的课记的笔记，我原本都好好收藏着，可惜"文革"中被抄家时全被毁了，但先生高尚的情操、讲课的艺术和对我们的教诲，一直无声地滋润着我的心田，使我在人生道路上少走许多弯路。我实在应当感谢我的老师——顾随先生。

1997 年 6 月 16 日

缅怀顾随恩师*

许杏林

1946年至1950年我在北平辅仁大学文学院语文系读书。幸运的是，当时很多知名教授给我们讲课，其中顾随老师留给我的印象最深。顾师毕业于北京大学文科（文学院）英文门（系），却在辅仁大学教诗词，且知名度极高，听过课的学生无不同声赞颂，可知老师在诗、词、曲方面造诣极深，我们也都选了顾老师的课。每到顾师上课时，经常有些别的系和外校，如北京大学的同学来听课，所以教室总是座无虚席，有时还要挤着坐一坐。顾师讲课极有风度，进教室后，先脱掉马褂，然后意味深长地讲点课外知识，古今中外，政治、时事、人物无不涉及，政治、时事皆切中时弊，语言幽默，闻者无不为之动容，之后始进行讲课。讲课时，不用课本，课本上有的内容，极少讲授，却是把要讲的诗、词的精华指出，精辟地分析，旁征博引，引申发挥。学一首诗词，能学到广博的知识和深奥的道理。听顾师的课，犹如徜徉在广阔的碧波之中，既是受教育，又是艺术的享受，更能引起无限的深思。每次总觉时间过得太快，每次总是恋恋不舍地离开顾师。顾师在课堂上讲诗词的意境时，经常引用王国维的话，我们从此开始了解王国维和读他的《人间词话》。由此，我对诗、词、曲产生了浓

---

* 本文系为纪念顾随先生百年诞辰而作，选自《顾随先生百年诞辰纪念文集》。

厚的兴趣，更广泛地涉猎诗、词、曲书籍。只是由于我天赋所限，未能在诗词方面有更深的造诣，有负于顾老师的教诲。当年顾师曾送给我们班每人一册顾师所著的《游春记》，我曾反复诵读，顾老师还赐给我过自书的诗词，我都极为珍惜地保存着。可惜的是，“文革”中间连同启功老师所赐的书画，均被抄走遗失。“文革”我家被抄，损失惨重，但衣帛财物，我向未惜，只痛惜当年在辅大受教时老师们所赐的书籍及老师的手迹和我在校学习时的听课笔记。

记得当年余嘉锡老师退休后，即由顾老师担任系主任。当时我是半工半读读书，除在《北平时报》任记者外，在辅大也兼任《辅仁生活》的编辑，毕业时又任年刊的编辑主任，有些事经常请教顾师，故与顾师的接触更多些。顾老师每问必答，并谆谆教诲，就更钦佩顾师的为人。顾师患病休养时，我同焦廉成、魏启学等学兄去探望顾师，顾师虽然消瘦，但精神很好，还说些极有风趣的话。不久，我们就毕业了，我被分配到天津女二中（今为五十七中）做教师。后来，听说顾师调到天津师范学院（后改河北大学）任教，我曾到顾师住处看望，只是因为工作较忙，未能常去。1957 年我被错划为右派；旋即下放农村，自己既无颜见恩师，更不愿给别人添烦，过了廿年与老师、亲友隔绝的生活。三中全会后，获得新生，始又回到人的正常生活中来。我曾辗转打听诸师情况，始得知顾师已于 1960 年故去，闻之良久悲怆唏嘘。我至今已年逾七旬，往事虽已如烟，大多淡薄，唯有在北平辅仁大学从师学习时的情况，记忆犹新，自觉是一生中最幸福、最受益的黄金阶段。1987 年我被天津市美术学院特聘为客座文学教授，在该校任课九年。因受顾师的影响和熏陶，讲课时基本不用课本，虽然不及顾师当时的风度及深度，但也颇受学生欢迎，功皆顾师所赐。

1997 年 6 月 4 日

缅怀恩师顾羡季先生*

焦廉成

1947 年夏，我由中国大学一年级转学改入辅大国文系二年级插班就读。先是只在课堂上聆听先生讲授，后来与同班魏启学君常到先生家中求教。每次求教，先生都不顾劳累为我们深入、细致、生动地讲解，有时长达一小时之久。

先生讲诗词，不仅讲作品，也讲作者的遭际与感情；有时不仅联系到我国“五四”以来的新文学，也联系到外国文学；不仅讲及诗歌及其他文学的理论，也讲及诗家的哲理。听先生讲授，真是极高的文学享受和纯洁灵魂的洗礼，终身受益。先生总是把人格品德教育融入诗词讲解之中，使人自然而然地受到陶冶。我后来在人生旅途中经历越多坎坷，尝到越多人间滋味，也就越加深刻地体会出先生所讲内容的价值。

当年先生曾赐赠我一副对联、一幅屏条和数张册页，还曾在我呈阅的词习作汇集上亲笔批改并写下一段评语。这些墨宝，我一直珍藏至今，虽然经过 1957 年和 1966 年的劫难，历尽两次共计九年下放劳动的艰辛岁月，也没有丢失。对联写的是孟浩然诗句“水落鱼梁浅”“天寒梦泽深”，上有题款是指名赐我的。屏条写的节录阿弥陀经文。册页是临写的冯摹本《兰亭序》。先生在我

* 本文系为纪念顾随先生百年诞辰而作，选自《顾随先生百年诞辰纪念文集》。

的词习作汇集上写的评语是“词笔轻倩正是少年人倚声本色，欲求厚重须于古诗中胎息之”，批评鼓励之情尽在其中。每当我瞻仰先生这些手迹时，好似又站在先生身旁聆听教诲。先生的音容笑貌如在目前。

时光流逝近五十年，那时我这个少年人现已虚度七十二春。回想一生学无所成，词笔至今也未能达到厚重，实在愧对先生教诲。

1950 年辅大毕业生焦廉成

写于纪念羡季师百年诞辰纪念会后

先师顾羡季先生印象记*

聂石樵

我们是1949年，即新中国成立那年考入北京辅仁大学国文系的。当时羡季先生是系主任，但是由于先生患病，不能上课也不到系里来，所以我们很难见到先生，也未曾听过先生讲课，引为终生遗憾！这里只是从回忆中的几件事谈谈对先生的印象。

我们第一次见到先生，是入学后在国文系举行的迎新会上。会址是在二院的小礼堂。当时我们全班同学不到四十人，大家都静坐等待系主任的来临。不久，在同学们的盼望下，先生在系工作人员的陪同下来到了，大家一齐鼓掌欢迎。先生面戴眼镜，身着长衫，看上去很文雅，一副教授风度。讲话时他先讲自己患病和身体状况，次致欢迎辞，最后说："我这是'副末'开场，好戏还在后头呢。"这一者说明今后上课的名教授很多，二者勉励同学们努力学习。讲话非常得体。

我们第二次见到先生，是在高年级同学带领下去探望先生的病。当时先生住在李广桥西街（即今天的柳荫街），我们到先生家去，询问了先生的身体状况，还谈到了其他有关学习的问题，都记不清了，只见他床头上放置一部贯华堂本《水浒传》，他告诉我们，他准备把《水浒传》译成英文。同时送我一本《游春记》（其

* 选自《顾随和他的世界》。

他高年级同学，他已经送过）。作为刚入学的学生，先生如此厚爱，我感到很荣幸。

我们第三次见到先生，是在北京图书馆举行的一次学术报告会上。当时北京图书馆经常安排各种类型的学术讲座，这次是请冯至与先生合讲杜甫，由冯至讲杜甫生平，由先生朗诵《自京赴奉先县咏怀五百字》。这是我们第一次听到先生吟诗，得到一次美的享受。

先生由于患病体弱，不能上课，便邀请他的老友冯至先生到校讲“杜甫研究”（即后来出版的《杜甫传》），杨晦先生来讲“文学理论”。作为系主任，先生虽然疾病在身，仍精诚于职守，表现了对系里工作和学生学习极端关怀的精神。半个世纪过去了，“此情可待成追忆，只是当时已惘然”（李商隐《锦瑟》）。当时的一些事皆渺茫记不清了。聊书以上若干事例，作为对先生的怀念吧！

1999 年 9 月 10 日

顾随先生*

H S

常听人说："教书多年的或年纪稍长的先生，是爱滑头的，多不肯卖大力气。"我从懂得这句话的意思以后，一直就怀疑着，虽然也否认过，然总不能找到一位使我坚决否认这句话的先生：现在我找到了，我当然要确切地否认了，这就是我们的顾先生，他从二十多岁教书，现在已是方过之龄（注：先生作《二知堂诗草》自序云"……五十之年，新法计之，恰为始满，旧法计之，则又方过……"），二十多年的教书经验，不能说不是"教书多年"，年已五十，亦可谓之"年纪稍长"了，然而他并不爱滑头，更不是不肯卖大力气，只要听过他几堂课的人，都会觉察出来的，虽然是大学教授，在上课时间，只有早来几分钟，绝没有迟到过，然而在下课时，却常常在打完下课钟好些时候，才走出教室，虽然他身体不好，却从未为了自己的病，耽误学生们上课的时间。

他健谈，他寡言，这是矛盾的，然在顾先生确是具有这二者之长的；在上课时是健谈的，看不出他身体弱来，中外古今，经史子集，哲学科学，为人处世，都能归纳在一起，连系成一条线索讲给学生听，尽先生所知道的，他都愿意全灌到学生的脑子里。

---

* 原载《一四七画报》1947年第十三卷第九期。作者本名不详，推断为辅仁大学学生，暂置于本卷之末。

先生说过:“我恨不能把头摘下来,一下子把话都倒出来才痛快。”言既为心声,由此可知先生教学的热心了,他富有青年人的心情与认真,所以容易使青年人的心情起共鸣,在顾先生的堂上是总感到五十分钟是太匆匆的了,先生的健谈可见一斑。下课后,回到家里是寡言的,在上课时精神全注在讲授上,不觉得累,回家后虽然精神是痛快的,而身体上是感到疲乏了,所以要休息个相当时间,看看报吹两支烟喝两杯茶,再用自己的功,写字看书,写作品,所以是寡言的。

先生是诗词曲的专家,又写得一笔好字,绝使人想不到他是北大西语系毕业的,可谓之中西兼通了。在创作方面,是新旧都有,旧诗词是先生的家常便饭,随时可以口占数章,而且以旧形式容以新意境新事物;曲的作品也很多,剧曲已有几本数十折的长剧,已有朋友代印了;新文学最近《乡村传奇》上集在现代文录里,关于这篇小说的评价,在报章上已有过好多次,当然不用再累赘了。先生曾告诉我们:“千万不要做弹棉花式的和拉面条子式的文章。”所以在先生的作品里,绝看不到这样的一句,只有凝练、坚实而有力。

总之,先生是多才多学的,对人和气,教书热心,丝毫不吝教的,我说先生好与不好,就像在海洋里添去一滴水一样,是不能影响到先生的人格的。

中国大学

羡季先生*

邓云乡

已故著名词曲家顾随先生，河北省清河县人，是民国九年北京大学英文系的毕业生，一生致力于词，为北几省少有的词曲家。他原名顾宝随，后单名“随”，又因《论语》中“季子随”的句子，取字“羡季”。在三四十年代中，在北京各大学担任教授，讲诗、词、曲，前后足有二十多年之久，前后在燕京大学、辅仁大学、北京大学、中国大学都教过书。他的学生国内固然很多，国外也不在少数，现在大多也都是六十左右的人了，真可以说是桃李满天下，而且大多已是白头门生。兴念及此，也真不尽沧桑之感了。

我也很幸运，听过顾先生四个学分的课，固不敢与名家高攀同门之雅，但也总算身列羡季先生门墙的了。因为我读过两三个大学，再包括旁听，我和三四个大学发生过关系，照几十年前很不中听的说法，几乎是一个“学混子”，但也有它的好处，就是我有幸接触过较多的名教授。在我所听过的众多的名教授讲课当中，要论讲课风趣，有声有色，顾随先生则无疑是绝对冠军，其他任何一位老先生也比不上他，包括一些有世界名望的，如胡适之、周启明、俞平伯诸位老先生。

---

* 选自《文化古城旧事》（邓云乡著，河北教育出版社 2004 年 1 月出版）。

首先，羡季先生风度仪表好，功架做派好。他老先生是纯粹东方式的风格，不要说不穿西装，就连西式大衣也不穿。冬天内穿春绸衬绒袍子，外面套丝棉或灰鼠袍子，灰鼠袍子外面再套大毛的狐肷袍子，狐肷袍子外面围五六尺长、可以在脖子上围两圈的黑绒线围巾，单只这套着穿三件袍子的穿法，在其他位老先生当中，已经是绝无仅有的了。妙在他还要都穿到教室中去，先除围巾；上台讲一会儿之后脱皮袍子；再过一会儿，教室越来越热，先生讲得也越来越高兴，微微见汗，再脱一件；快要下课时，停止讲授，再一件件穿上出去。

其次是顾先生极爱听戏、讲戏，每堂上课都要讲到戏，那就自然显得热闹、生动。特别爱说余叔岩，每提余叔岩就赞不绝口："真好，像六月天吃冰镇沙瓤大西瓜一样，又沙又甜又爽口，痛快啊……"他曾比较说："杨小楼的霸王，真好，有帝王风度；金少山的霸王就不行了，一看就是山大王，只能唱窦尔墩。"

以上两点，是顾先生讲课的趣事，自然更重要的是他的文艺见解和学养高。他老先生说："诗法不是世法，世法不是诗法。"并举释家名诗"地炉无火客囊空，雪似杨花落岁穷。拾得断麻缝破衲，不知身在寂寥中"为例，加以说明。这是多么高的境界呢，我始终服膺斯言。先生早年致力于词，小词有极有风致者，如咏马樱花之《浣溪沙》：

> 一缕红丝一缕情，开时无力坠无声，如烟如梦不分明。
> 雨雨风风嫌寂寞，丝丝缕缕怨飘零，向人终觉太盈盈。

但在1934年《留春词》自序中云：

> 二十年春，忽肆力为诗，摈词不作，一也；年华既长，事故益深，旧日之感慨已渐减少，希望半就幻灭……二也；……

说了三种原因，说明词作少了。实际细读近年出版的《顾随文集》，先生毕竟还是词人。

另在《积木词》自序中记书斋亦极有情趣，文云：

> 余旧所居斋曰"萝月"，盖以窗前有藤萝一架，每更深独坐，明月在天，枝影横地。此际辄若有所得……冬日酷寒，安炉爇火，乃若可居，而夜坐尤相宜，室狭小易暖故。背邻长巷，坐略久，叫卖赛梨萝卜、冰糖葫芦及硬面饽饽之声，络绎破空而至，遂又命之为"夜漫漫斋"……二十五年一月苦水自序于旧都东城之夜漫漫斋。时墙外正有人叫卖葫芦冰糖也。

旧都冬夜生活情趣，令后人神思不置也。

新版《顾随文集》，后面有其女弟子叶嘉莹教授《纪念我的老师清河顾随羡季先生》一文，对先生之教学及创作介绍甚详。叶教授在上海古籍出版社出版过《迦陵论词丛稿》，在香港中华书局出版过《王国维及其文学批评》，对海宁王静安先生的文学艺术思想是研究得很深的。叶教授是1945年北京辅仁大学中文系毕业的，这正是抗战胜利的一年，那她的大学时期，是在北京沦陷时期度过的。辅仁大学是天主教系统的教会学校，有很长一个时期，校长是著名历史学家陈援庵（垣）氏。叶教授在辅仁读书时，中文系主任是沈兼士氏，她的词学教授应该正是顾随羡季先生了。顾先生是民国九年北京大学毕业生，和俞平伯、杨振声先生同学，是著名词曲家吴梅（吴瞿安）先生的入室弟子①，一生致力于词，成为北几省中少有的词曲家。著有“无病”“味辛”“荒原”“留春”“积木”等词集。《积木词》是俞平伯先生著的序，这篇序后来收在《燕郊集》中，原文很长，不能多引，只稍引几句，其结尾部分说：

> 其昔年所作，善以新意境入旧格律，而“积木”新词则合意境格律为一体，固缘述作有殊，而真积力久，宜其然耳……以“积木”名词者，据序文言，亦婴婉之戏耳。此殆作者深自捴抑之又一面，然吾观积木之形，后来者居上，其亦有意否乎？

“抑”就是很小的婴儿，积木是婴儿的玩具，顾先生以“积木”名词，是很谦虚的。而俞先生的序言，则说是“后来居上”，是很推崇的。

顾先生讲词，是十分重视推崇静安先生《人间词话》的，曾有手校本印行。俞先生的序写于“丙子”，即 1936 年，《积木词》现已收入新版《文集》中，只是俞平伯夫子的序已没有了。叶教

---

① 吴梅长顾随十三岁，顾随视之为师，但及今未见两人直接交往的材料。

授在词学上传薪于顾羡季先生，把中国的词学在海外广为传播，发扬光大，又写了许多辉煌的著作，其对故国文化和世界艺苑的贡献，都是了不起的。

叶教授这两年几度回国探亲、讲学，在《迦陵论词丛稿》的“后序”中引了自己的一首诗道：

构厦多材岂待论，谁知散木有乡根。
书生报国成何计，难忘诗骚李杜魂。

诗的意思是极好的，只是“散木”一词太谦虚了，这就不禁使我想起顾先生的《积木词》了。

前年在京，在一个会上，见到叶教授，说起她原住察院胡同，才知她是30年代给我看病的叶大夫的侄女，说来她府上我小时候就多次去过了。这样我才明白她原是清代满洲旗叶赫氏后裔，冠汉姓，姓叶了。

其应乃如响　微禅岂我师*

高　准

我在天津居士林听到这么一句话，说“顾先生逝世之后，至今为止，国内还不曾发现出在禅宗方面能达到像顾先生那样水平的人来”。说这话的人是天津一位老居士，原天津大学教授陈家征，很有学问，佛学大师。他在居士林讲经时讲了这话，我听了很有感触。一次我和家征教授谈论佛学，他说我观念中有些东西颇与禅宗相契合，前生必定是禅门中的人。我跟他讲：“你可能有点误差，我不是前世学过禅宗，而是今世我有幸做了顾随先生的弟子啊!”说得老居士莞尔笑了。在这里我想坦诚地说这么一个感受：我受业于顾先生之门是在四十五年以前，从而使我选择了教书这条路。四十多年来的教学生涯，论讲课我没法和顾先生比，只是每当我这节课讲得十分称心的时候，就是说在课堂上自我感觉出乎意料地好的时候，就觉得顾先生的灵魂附了我的体。当然只是感觉，不过这种感觉是很真切的。我想诸学友或许也有过这种感受：顾先生仍活在我们心里。

我想，以顾先生之慈爱仁厚，若无禅宗之为蹊径，他便近乎慈母；然而顾先生的爱，是担荷人类罪恶的释迦博大无私的爱，从容深远，与慈母之心固有大小之不同。我想，以顾先生之博学，

---

* 本文系为纪念顾随先生逝世三十周年而作，选自《顾随先生纪念文集》。

若无禅宗这条蹊径，他可能近乎杂家；然而顾先生博而不杂，他渊博而澄净、而率真、而混沌，一以贯之，如百川之汇于海。我以为没有禅宗方面高度修养，就不会有顾先生那么高不可测的讲课艺术。我有生以来，从小学、中学到大学，遇到过不少很好的教师，然而真还从未经历过像顾先生的课那样使我神往，给我熏陶，启我开悟的，仿佛心有灵犀一点通。记得顾先生每回总把两节课连贯一气讲下来，如行云流水，无所挂碍。当其始，即兴而发，瞬间师忘其为师，生忘其为生，课堂亦忘其为课堂，一切俱入无相之境。迨其终，不觉恰好构出完完整整浑然天成的一篇妙文，起承转合，层次井然，毫未掺杂一丝题外之语。当其始，句句若意外之言；迨其终，始知无一句是意外之话也。每当此时，我便后悔：如果一字字记录下来多好！可又一想，这是不行的。顾先生的课不光是语言；他的神态，他的禅机，和我们心会神通，默然相许，如拈花一笑，便有说不尽的奥妙，岂是可以记录得下来的？顾先生的课，可说是不立文字，不落言筌的。我想，正是禅，那是顾先生广博胸怀中隐约不露的主峰，其高不可攀者在乎此！偈曰：

其应乃如响，微禅岂我师。

行云谢流水，相得弗相持。

羡季师讲课二三事*

李稚甫

明年（1997年）2月13日是先师顾羡季（随）先生诞辰一百周年。张恩芑师兄约我写篇回忆羡季师的短文。这从道理上说，缅怀老师，义不容辞；而从实际来说，实在是有心无力。因为我对老师和老师的学术，实在是懂得太不够了，而且有的师兄、师姊和前辈们已经发表过一些这方面的文章，所以我只能支离破碎地说一些我还记得的往事。

1941年暑假，我考入中国大学国学系一年级。这一年的12月8日，日本侵略军偷袭珍珠港，揭开了太平洋战争的序幕。当时，在沦陷区的北平，敌伪当局查封了燕京大学。该校不肯接受敌伪聘用的教授们，便分别到私立的辅仁大学、中国大学去任教。我记得，当时中大国学系增聘到原燕大的知名教授，有王静如、刘盼遂、毕树棠、华粹深、郑因百、赵万里、郭绍虞、顾羡季、董鲁庵等很多位老师。他们都受到了同学们的热情欢迎和敬爱，他们也都给予了同学们很好的影响和教益；而其中对同学影响大、给同学教益深的，我认为，羡季师是很突出的一位。

1942年冬，一次大风降温，这天恰好在十八教室上唐宋诗。这个教室在徘徊轩北，是原郑王府西部园林中的一排七开间的花

* 本文系为纪念顾随先生百年诞辰而作，选自《顾随先生百年诞辰纪念文集》。

厅，前廊后厦，南北两面纸窗，特点是高大、明亮、凉爽。凡是叫座儿的课，学校总爱安排在这里。中大真穷，买不起好纸糊窗户，更甭说安装开合的玻璃窗了。这天教室外朔风怒吼，把窗户纸刮得一条条的；教室里炉火无温，风比室外小不了多少，简直待不住人，同学们嘁嘁喳喳地在议论。上课的钟声响了，羡季师准时地走进教室，他立即觉察出教室里的气氛异乎寻常，同时也明白了原因之所在。他笑着走上讲台，先把他的书包和怀表放在桌儿上，然后对同学们说："我在燕大教课的时候，觉得燕大的风水不好，它是有水无风；现在我在咱们中大教课，觉得咱们中大的风水也不好，不过与燕大刚好相反，它是有风无水。"开始，同学们不太明白，一回味明白了，就不由得笑了起来。笑声一落，"袈裟仍是两重裘"的羡季师，便若无其事地非常正常地讲起课来。同学们在他的精神感召之下，也都投入了唐宋诗的境界。这次课一气呵成，课间也没休息，完成得十分出色。

1943 春，在注册课北边的廿一教室上唐宋诗。这个教室比十八教室小，教室里也"吃柱子"，但防风设备较好，窗户是开合窗，而且都是毛玻璃的，是那次与风奋斗之后，学校给换的教室。这天，第一节课人很多，除了我们班以外，还有外班、外系、外校的同学。可是第一节下课以后，人走了也很不少，不只是外班、外系、外校的，就连我们班也走了一多半儿，就剩下我们十多个人了。这究竟是什么缘故，到今天我也不知道。第二节上课了，羡季师一拉门走了进来。他看到了情况的变化，稍一迟疑，就走上讲台，还是先把他的书包和怀表在桌儿上放好，然后对我们这些人说："欧阳修《新五代史·伶官传序》说：'盛衰之理，虽曰天命，岂非人事哉！’我们现在可以把他的话颠倒过来说：‘盛衰之理，虽曰人事，岂非天命哉！’”说完一笑，继续讲课。这节课非常成功，丝毫不受影响。

羡季师上课，在讲课前，常常板书一首或几首诗词。有时写的是古今名家的名作，有时写的是自己的新作或旧作，也有时写的是同学们的习作，其内容总是与该课要讲的内容相联系。在我的记忆中，只有一次例外。那一次是上元曲选，羡季师若有所思地走进逸仙堂东侧的第三教室，把他的书包和怀表放在讲台桌儿上，拿起粉笔，在黑板上写下了他的一首近作：

净业湖边作

壮才几见济时艰，龙战郊原草木殷。
歌吹扬州犹好在，风波帝子去无还。
长安市上尘如海，银锭桥边雨后山。
猿鹤虫沙都已矣，有人夜半出函关。

写完了，侧身面对南窗，把全诗朗诵了一遍，又深情地把最后一句加以重复：“‘有人夜半出函关’哪！”然后面对同学们说：“你们董鲁庵董先生上山当和尚去了！”接着就把板书擦净，讲起课来。我这人很迟钝，当时没能领会羡季师的真意，只是觉得今天的板书与讲课的内容没有什么联系，同时对董鲁庵先生去当和尚的事，也总是觉得有点儿蹊跷。于是课后就找董环（董鲁庵先生的弟弟）去问，他说：“你千万不要随便乱讲，我哥哥投八路了。”我这才明白，“有人夜半出函关”，原来是最机密的革命信息啊。

羡季师在中大开设的课程并不多，只是开唐宋诗和元曲选。唐宋诗是二年级的必修课，每周两课时。（1943 年暑假后，唐宋诗改由贺孔才先生讲授。）元曲选是三、四年级合选的选修课，每周两课时。再有就是在郭绍虞先生去杭州以后，郭先生讲授的中国文学批评史，由他兼代。羡季师在中大任教的时间也不很长，即从 1942 年寒假前后至 1945 年暑假前，共七个学期。因此，1942 年寒假离校和 1945 年暑假后进校的中大同学，都没有机会听他讲课；而我却很幸运，他在中大任教的时候，我刚好在中大上学，他在中大开的课，我都听过。但是，也很遗憾，遗憾的是我什么也没学好，真是愧对老师！近年来，这种愧悔的心情，与日俱增。因为自己明白，弥补遗憾的机会和时间，都已经不多了！正是：

学诗学书两不成，师门朽木愧平生；
幸得附骥群贤后，一瓣心香无限情。

纪念顾随老师*

王翁如

顾老师在中国大学讲课时，我选修了他主讲的唐宋诗选和元曲选。

老师是位真有学问的人，讲课很有风趣，很活泼、生动。他从来不带讲稿什么的，但讲起来头头是道，有条不紊。如果把他所讲的内容整理出来，就是一篇很好的文章，其中有议论，有观点，有材料，更有引申，所以他讲课十分吸引着同学们的思维。记得有一次我发烧头疼了，看看功课表，下午是老师的唐宋诗选，我还是抱病去了。听完两小时课，把发烧忘了。回到家里也不觉得头疼，心里倒非常痛快。

本来对诗词，我只是觉得美，觉得新鲜、巧妙，但听过老师讲课，对我如同打开了一扇门，有了新的理解，认为诗词能够改变人的人生观和世界观，多读诗词会使人养成纯洁的情操。我喜爱诗词了，我更喜欢老师所讲的功课，我永远感谢他对我的启迪和诱导。

他住在什刹海附近，每次到中大去上课，都要乘电车。那时乘电车的人多，车少，挤的情况可以说是难以想象的，有时似乎

---

* 本文系为纪念顾随先生逝世三十周年而作，选自《河北大学学报》1990年第四期。

人被挤得要由车窗口流了出来。好几次，我遇上老师在西单商场下车，看样子是经过一场乘车的挣扎、拼搏，他已经筋疲力尽了。下了电车，站在大街上，喘吁吁地捶他的腰，擦头上的汗。其实，他当时只有四十五岁，所以我称他是“四十老人”。

他喜欢京剧。有一次，在讲诗的婉约时，除去用诗来说明，还用梅兰芳《贵妃醉酒》中的“卧鱼儿”这一身段来说明。还有一次，谈诗的逐渐发展，逐渐深入，逐渐紧凑时，他举例说，余叔岩在嗓音恢复以后，第一次在春阳友会唱《珠帘寨》，在念“太白斗酒诗百篇”时，嗓音还是沉闷、低弱。大家都替他捏了一把汗，以为开始便这样，恐怕唱不下来。结果越唱越有劲，到“唰啦啦打罢头通鼓”，嗓音豁然开朗，到“打罢三通鼓”，更是声音清脆、嘹亮，气力充沛。这样徐徐图进，也会达到高水平。他说，他从前听活曹操黄三（黄润甫）的《长坂坡》，黄三念“杀气满山头”，充满感情，使舞台上的气氛，改变成为战场上气氛，真是杀气腾腾了。他还说，黄三念“风吹刁斗寒”，真令人感到决战前夕，不寒而栗的情景。以上的喻例，有的说明诗词中的跌宕铺叙，像潮涌一样，一浪一浪地推进；有的说明要创造气氛，烘托意境。老师就是这样来帮助同学领会诗词的奥秘。

他说，诗的炼字，真可谓一字千金。如“忽见陌头杨柳色，悔教夫婿觅封侯”的“忽”就是关键字，是全诗的精神所在。这个字，把诗的后半领入另一境界了。前半一境界，后半一境界，中间有这个“忽”字给划开，不但把全诗的情节改变了，同时把主人公的思想也改变了。谈到这里，我想起了1959年老师纪念五四运动四十周年的一首《西江月》：

海样英雄气概，画中祖国江山。辉煌远景属青年，敢想、敢说、敢干。　　四十年前今日，曾排队伍前边。当年事业倍空前，哪怕三年苦战。

这首词，从用字来看，都是一些日常使用的通俗词语，还有当时的口号，可是在老师手中排列出来，确是千古佳作。它波澜起伏，振奋人心，鼓舞向前，使我们想到当年这些健儿勇往直前，冲向封建的顽固堡垒；今天江山如画，远景辉煌，我们能不珍惜，能不努力捍卫？真是“哪怕三年苦战”呀！诗词中，口号、标语最难处理，可是老师用来，从容自然，一点没有生硬的痕迹，反而觉得十分恰当，没有它是不行的呢。又如他的《一剪梅》：

朝日曈昽带早霞，笑语喧哗，无穷富贵最难夸。先看新芽，后听蛤蟆。　　耕一余三信不差，事业开花，颗粒还家。如今整改到桑麻，捡了芝麻，抱起西瓜。

这首词，用了许多俗语、谚语，既通俗，又贴切，非常和谐，真可谓简单明了，通俗易懂，“先看新芽，后听蛤蟆”，这是多么符合实际呀！其他如“耕一余三”“颗粒还家”，直到“芝麻”“西瓜”，更是我们常说常见的了。但是老师用来得心应手，一般人不肯用，也不敢用。其实，这不正是他的大胆创新吗？诚如陈机峰同学所记：“于词中开拓新境界者，首推顾随。顾氏曾在30年代刊行词集《无病词》《味辛词》《荒原词》《留春词》等多种。遣词、谋篇，均有特色。他深于佛学，词中多含哲理……”

我最喜欢他早年的《木兰花慢》：

> 是何人弄笛，惊旅客，使魂销。想身外茫茫，行来踽踽，深夜迢迢。尘嚣。渐随夜杳。但霏霏露湿敝缊袍。空际几声颤响，悲凉更甚饧箫。　　难消。清泪如潮。空令我，酒频浇。有谁将命运，双肩担起，一手全操。徒劳。暗中摸索，奈千家闭户卧凉宵。试问一支笛子，甚时吹到明朝。

老师并没用典故、奇字、险句，而把卜者、旅客的思想活动一一刻画出来，并且做了较深的探索。这说明，只是用平常的朴素的词语，一样写得出深刻的作品来。一方面，可以看出他的功底扎实、深厚；另一方面，也可以看出他在对诗词进行着一个新的开拓，其实正是他在倡导着这一个对诗词的新的开拓的思潮啊！

我以为这正是我们纪念他的主要原因之一。

1990 年 8 月 25 日

我所看到的顾随先生*

孙永澂

顾随先生是著名的古典文学家、教授、诗人。在他逝世三十年后，友人和门生们仍不忘在京聚首一堂悼念先生，足见先生道德学问的感人之深。

从 30 年代到 40 年代，先生曾执教于我的母校北平燕京大学。但由于我在校时并没有选修先生所教的课程，因此对先生并不了解。太平洋战争爆发后，燕京被封。1942 年我不得不到中国大学借读时，才第一次亲聆了先生的教诲。虽然我听课的时间不长，和先生的接触不多，但先生的学问风范，却至今使我铭记不忘。他当时主讲中国诗词。有一堂课他给我们讲李商隐的七言律诗《锦瑟》，全诗只有八句共五十六字，但他讲了足足五十分钟，旁征博引，意趣横生，全班学生洗耳恭听，教室里鸦雀无声。记得讲“锦瑟无端五十弦”这一句时，他说用“无端”二字来责难锦瑟，看似无理，但这正说明了诗人难言的隐痛，此等处所是不可以常情来理解的，所以人们有时说“名士十年无赖贼”云云。妙语如此，一堂粲然。

但是，他那时的生活是清苦的，上课时所穿的一件蓝布长衫，

---

* 本文系为纪念顾随先生逝世三十周年而作，选自纪念会后所编之《顾随先生纪念文集》。

洗得几乎快发白了。有一次上课时，他随身抱来了一叠书，那是他自己的著作。课讲完后，他低着眼睛对大家说："这是我写的一本书，为了帮助储皖峰教授的遗孀和遗孤，同学们有愿意买的，可以来拿……"但是穷学生中，有几个人能拿钱买课本以外的书呢？他走出教室去时，那伛偻的背影，至今铭刻在我的心上。文人的艰难岁月，是何等地令人心恻呵！

往事如烟，不堪回首。我写的这一些区区小事，本不足以增益先生的光辉；不过作为一个敬爱先生的学子，我仍愿在此掏出一瓣心香，以告慰先生的在天之灵。

1990 年 9 月

河北大学

时雨春风*

——先师顾羡季先生的课堂教学艺术

王双启

四十五六年以前，我在天津师范学院（河北大学前身）读书的时候，有幸从师顾随（羡季）教授，听过唐诗、宋词、元曲以及“佛典翻译文学”等课程，课下登门求教的机会也不少，自己虽然鲁钝，但也获益良深。顾先生不仅是学者，而且是才子，是诗人，更是一位课堂教学的艺术大师，夙以“台风”之美蜚声学界。台风就是讲台上的风格，指的是羡季师在课堂上特有的风度神采。顾先生讲课，时而清谈娓娓，洞幽发微；时而议论滔滔，妙语连珠，听者如沐时雨，如坐春风，非只在学业上得到滋润生发，而且还会感到一种独特的艺术享受，留下终生难忘的深刻印象。

我清楚地记得第一次听顾先生讲课的情景。他从容步上讲台，用亲切的目光向学生们环视了一下，并不开口讲话，拿起粉笔在黑板的左侧写了四句陶渊明的《杂诗》：“昔闻长者言，掩耳每不喜。奈何五十年，忽已亲此事。”（插一句：初见先生秀丽遒劲的书法，一下子就使我倾倒了。）然后，从这四句陶诗生发开来，讲了一篇精彩而别致的“开场白”。大意是说，新中国的大学生得到

---

* 选自《顾随和他的世界》。

了党的关怀培养，时代条件优越，进步成长很快，而自己呢，也要急起直追，提高思想，搞好教学，使学生喜闻“长者”之言，有所获益。这是一篇政治思想性相当强的讲话，对时代的赞美、对学生的期许以及先生对自己的严格要求都包含在其中了，而里面的一线幽默之感则是我经过了多年的咀嚼回味才逐渐觉察到的。羡季师经常把他在课堂上说的类似的“闲话”自嘲地戏称为“跑野马”，其实，我们最爱听，因为他把古书读透了，“闲话”所说，正是最精辟的见解、最生动的学问。

有一次，先生把他新填的一首《临江仙》词，在黑板上抄出了半阕：

> 春去不须生感慨，青年即是青春。万花如海复如云，一番相见了，更作一番新。

随即自作讲解：说是前一天下午，他漫步校园，特意去看同学们课后的体育活动，见到青年人朝气蓬勃，日新月异地飞速成长，心里非常兴奋，以致夜来无眠，作词加了赞颂。由此可见，先生对他从事的教育事业、对他培育的青年学生是多么的热爱，自己乐在其中，也就不知老之将至了。这一点，在我初次和老师单独接触时，更有深刻的感知。那时，先生住在宿舍区东北角上的一座旧式楼房里，树木掩映之下，环境倒也清幽。一天晚上，我去登门请益，走在路上的时候，心里不免有些忐忑，还把准备好的自我介绍的话语叨念了几遍。上了几磴台阶，在一间侧厅的门框上见到了写在白卡片上的“顾随书房”四个小楷字，轻轻敲了敲房门，随即，先生亲自把门打开，未容我张口，先生即招呼说："你是王双启，欢迎，欢迎！"老师居然已经知道我的名字，顿时即有受宠若惊之感，师生之间更加贴近了。原来先生早已熟读学生名册，逐渐询问查对，已经认准了不少人。

老师在书房里，谈话的范围更加宽广，文学之外，京剧和书法涉及尤多。有一次谈到老师的老师沈尹默先生的书法，老师随即从身边的书橱里取出好几个装裱精美的册子给我看，那是木板外壳的"经折装"，全是沈先生的墨迹，多是书札，还有题签，老师是片纸只字也要精心保存的。其中有一本词集的书名题签，大概是"留春集"① 吧，老师当时请沈先生写，沈先生在一幅笺纸上一连写了四五个，供老师挑选，老师把挑剩的、用过的又都裱在了一起。沈先生写给老师的书札，更是精妙之极，每于不经意处出现神来之笔。其中有一通，沈先生在署名之下把花押式的"顿首"二字的末笔写成了"悬针"之式，拉得很长，直贯纸底。老师指点着说："我就'怕'沈先生这个顿首，你看看，你看看，多么厉害！"倾倒赞叹的言语口吻竟是这般的新颖奇特。从这样的琐事之中，我看到了羡季师待人接物之一斑，是完全当得起"敬业乐群"这句老话的。

顾先生讲的课，多属"韵文"范畴，讲解古典作品，他喜欢用一个"说"字，我体会，"说"比"讲"更灵活，更宽泛，能放能收，抓住特征，深入重点。顾先生说诗、说词、说曲，尤其注重作品的形象之美和声韵之美，这里面充分显示了先生的独特见解和深刻感受。说到杜甫的《茅屋为秋风所破歌》，先生特别强调

---

① 当为"苦水作剧"，而非"留春集"。

"呜呼"以下的结尾几句，指出其中用"wu"韵的字非常之多，连续之下，呜呜作响，最后用一个入声的"足"字收住，恰似高山滚巨石，咕噜咕噜，滚到山脚，戛然而止。滚得凶猛，停得沉重，声音之中充分表现了诗人的强烈感情。再如，一套曲子，最后三个字的声调是"去平上"，也是声韵美的体现。《西厢记》里的"载得起"、《高祖还乡》里的"汉高祖"都是实例，后者更是妙语天成，"祖"字上声一挑，简直是给刘邦勾出了一幅"三花脸儿"。

顾先生以独到的见解论述古典诗词形象之美的例子，更是经常出现在课堂之上。例如，"说"到李后主的名句"一江春水向东流"，他是用作者的另一句子"别是一番滋味在心头"来做比较分析的，指出了前者的具体真切和后者的抽象模糊，从而出人意料地对后者做出了否定的评价。再如，"说"辛词"红日又西沉，白浪长东去"两句，先生把时空、永恒等等一带而过，却重点抓住"红日"两个字，说它大，说它亮，说它在单纯之中显出了浑厚之美，并且举出当时流行的一部苏联小说中的类似描写以做比较，使听课的人们得到了一种全新的领悟，真是把古人笔下的形象之美"说"活了。

顾先生讲诗词，该说的说透，该点的点到，"火候"够了，他把原作朗读一遍，学生们随即心领神会，茅塞顿开。先生非常擅长朗读，其声调口吻，不但是抑扬顿挫，而且是神情活现，用他老人家自己的话说，就是要透出"精气神儿"来。听顾先生讲说，听顾先生朗读，都是课堂上的艺术享受，这种总体的感知，早已成为前前后后历届同学们的共识了。

作为一位课堂教学的艺术大师，顾先生教书育人，在讲台上辛勤耕耘了四十年，他的“台风”可以说“征服”了几代学子。人们都知道他口才出众，但对于他的台风的认识是不能停留在这个层面上的。要知道，口才好，能讲、会讲，这是个形式上的表达能力问题，而讲什么、怎么讲才是问题的实质之所在。还有，所讲课程的内容也不能只有充实的材料，更须以先进的政治思想作指导，以正确的理论观点作准则，才能符合时代的要求，才能达到高度的学术水平。所以，我认为羡季师的台风是他的课堂教学艺术的综合性的整体体现。约略分析，它的构成有三个基本要素，那就是品德、学问、才华。这与古人的“器识”“文艺”“德、才、识”之类的要求和说法也是基本一致的。

顾先生从教四十年，一直紧跟时代的步伐，而且总是置身于前沿地带。20 年代，他弘扬“五四”精神，推崇新文化、新文学，早年在济南山东省立第一女中任教时，初登讲台就给青年学生以巨大的启迪。当时有个叫陈瑛的学生，对顾先生非常钦敬，在先生的教导之下，走上了文学创作的道路。后来不久，她用“沉樱”的笔名在沈雁冰、郑振铎先后主编的《小说月报》上发表了好几篇“为人生而文学”的优秀作品，在现代女性进步文学的历史上留下了令人瞩目的光彩一页。抗日战争期间，先生留居北平，宁肯衣食清寒也不接受敌伪统治下的“国立”大学的聘书，砥砺民族气节，赢得国人敬重。新中国成立之后，先生虽已年过半百却在他的人生道路上再度焕发了青春。他以饱满的政治热情，努力学习革命理论，还不断从解放区文学以及苏联文学中吸取新的营养，他的充满新名词、新观点的心得体会经常以“跑野马”

的方式穿插在课堂教学之中，使我们学生在思想上也深获教益。本文前边所引词句“一番相见了，更作一番新”，那是老师在赞美学生，可是我从一个学生的身份看，这两句词也应该还赠回去，因为它也是老师自己的自勉自赞之词啊！

顾先生学识渊博，对所教的课程内容早已烂熟于胸，然而每次上课他都要重新认真准备，写出讲义，发给学生。先生自己也讲过这么一番意思：同是一首词，今日所说与往日所说，不会完全相同，这是因为不同时期有不同感受的缘故。临上课前，往往于讲义之外又有新的增补，于是先生就把增补的内容写在小纸片上，而那小纸片，有时竟是香烟的包装纸，先生并不在意，讲课时随便拿在手上，而我们坐在讲台下边，就清楚地看到了那“大前门”的商标图案。先生这物尽其用、不拘形式的小节，也作为他特有的名士风度之一斑，被同学们传为了佳话。

总说一句，顾羡季先生的台风、课堂风采、课堂教学艺术，绝不只是一个“技”的问题，而是早已达到超乎技而进乎“道”的高妙境界了。我听羡季师讲课，已是将近半个世纪以前的事了，今日追想起来，仍然为之神往。拉杂草成此文，聊寄一段对先师的虔敬怀念之情吧。

1999年8月写于天津大学北五村

顾随先生授课散记*

李如鸾

我是天津师范学院（河北大学前身）中文系的首届（1955年）毕业生，在校期间曾经非常幸运地听过顾随先生讲授唐宋诗词和元曲。

先生授课具有独特的风格，真可谓一片神行，空无依傍，不涉理路，不拘程式。

每逢有先生的课，我们都是匆匆地提前赶到教室，占好座位。其他专业的同学慕名前来的也大有人在；教室最后一排则是中文系老师们观摩学习的专座。几乎每次都座无虚席，甚至临时加座也是常有的事。

先生讲正课之前，总要先在黑板的右边竖着写上两句古代诗词成句，不加解释，也从不重复。那些句子我们几乎都没有读过，当然对其含义以及先生摘引的目的，也便无从知晓；但当课讲完后，我们将它与所讲内容相联系，便若有所悟，或茅塞顿开。足见先生并非随意为之，而是把它作为点睛之笔，事先设计好的。

先生讲课从来不用讲稿（不像学院派那样死板地照本宣科），而是用大前门牌香烟盒里半透明的纸片，上面写有密密的提纲，偶或看上一眼或读上几句。所讲内容也纯系先生自己对作品的感

---

* 本文系为纪念顾随先生百年诞辰而作，选自《顾随先生百年诞辰纪念文集》。

知和理解，虽然偶做诠释或评论，但多半还是鉴赏。从那些独具慧眼的鉴赏中，我们心悦诚服地接受了先生的艺术见地、美学思想。记得有一次先生将饰演《空城计》中诸葛亮的两位京剧表演艺术家的表演进行比较，先生说：在剧情进展到司马懿撤离西城时，有个诸葛亮的扮演者，做出了用手抹去额头汗水的动作，随后念白："好险啊！"而另一位则只是耸动一下双肩，深深地吐出一口气。哪一种表演好呢？显然是后者动作设计更为合理，前者则有损于作为大智者诸葛亮的形象。

先生素来体弱多病，入冬后穿的衣服要比健康人为多。先生讲课到兴奋处，便脱掉一件上衣，差不多要脱三几件，直到露出最里层的毛衣时，就该下课了。有时先生征引诗句，话到嘴边，忽然忘却，便毫无顾忌地询问学生，我们往往答不出来。这时，多半是坐在教室后排的旁听老师代为回答，先生则面带微笑，双手合十，表示谢意，有时情不自禁地鼓起掌来。那种虚怀若谷的谦和态度，那种赤子般的天真情感，在场的师生无不为之动容。

我们都知道先生是近代杰出的书法大师，远宗二王，近师沈尹默先生，并自成一家，所书无不龙蛇入腕，疏秀出尘。先生的板书（粉笔字）也如他的墨宝，每次课不很多，所用行草也都铁画银钩，潇洒疏落。课间休息时，爱好书法的几名同学常常伫立黑板前书空、默记，而后极不情愿地擦去。我毕业后，在京从教四十年，所以十分重视板书，认真习练书法，便是从先生处得到教益和启发的。

先生的朗诵更是独步教坛。他经常向同学们强调：作品朗诵不同于说话和歌唱，而是介乎二者之间；关键是要对作品有全然的了解和深刻的体会，还要有感情和朗诵的技巧；朗诵一般可不借助手势、眼神、表情，而主要靠语调。成功的朗诵，效果应当是帮助理解作品精神实质的一半。先生曾经多次示范，指导我们朗诵古典诗词，现举例说明：在指导我们朗诵杜甫《茅屋为秋风所破歌》时，先生说“风雨不动安如山”一句，前四字要连读，“安如山”三字却应一字一顿，要读得沉稳；“吾庐独破受冻死亦足”一句，要“吾庐”一顿，“独破”一顿，“受冻”一顿，“死”字读时要加重，声音要拉长，“亦足”再一顿。我们试着这样朗读，果然效果很好。又如辛弃疾《永遇乐·京口北固亭怀古》词中的“廉颇老矣”一句，先生说这是词人表达深沉慨叹的句子，读时要带有强烈感情，“老”字要加重读，节奏适当放慢，“矣”字顺势带出，要轻读。我们照着做了，效果也不错。这样的例子还很多，限于篇幅，不再赘述。应当指出，先生有着数十年朗诵文学作品（特别是古代抒情诗）的宝贵实践，在实践中不断探索和完善，最后上升到科学理论的高度。《顾随文集》中有一篇长达数万言的专论，即是先生这方面的力作。记得早在50年代初，北京举行过一次纪念作为世界文化名人的杜甫的盛会，盛会的主持者——著名诗人冯至便特邀其挚友顾随先生专程赴会朗诵杜诗。从这一点可以见出先生被朗诵界公认的泰山北斗的地位，见出先生朗诵的深湛功底和卓越技巧确非一般诗歌朗诵家所能望其项背。

还记得是1954年的某月，天津师院学生患流行性感冒的颇多，班上缺勤的同学几乎占了少一半。先生来上课，见到如此情况，便说：咱们今天不讲正课了，换个课题，讲一讲“竹子”吧！于是沉吟片刻便讲起来。先说“竹”的读音，英语怎么读，俄语怎么读；再从文字学的角度谈汉字“竹”的构成；然后说明竹的生长过程、习性、气质、神韵，以及其丰富的底蕴；说到形容竹的诸多语汇，并历数历代酷爱竹的文人雅士，以及咏竹的名句、佳作。先生设喻取譬，连类比附，旁征博引，谈笑风生。同学们从来没有在课堂上听过这样丰富鲜活的内容，真是大开眼界，大饱耳福。没有听上这次课的同学都长吁短叹，懊悔不迭。

先生讲课时，还经常将自己的近作（多半是词）朗读给大家听，内容多是歌颂新时代、新生活的，或是勉励学子积极向上的。我的讲义上还抄有先生赠给我们的《临江仙》词，词云：

> 春去不须生感慨，青年即是青春。万花如海复如云，一番相见了，更作一番新。

记得那是先生给我们讲最后一次课时抄在黑板上的，算作给全班的寄语。字里行间，有鼓励，有爱抚，有期待，也有祝福，情真词切，别意殷殷。所遗憾的是这首《临江仙》仅是全词的一半，是上片，还是下片，都没弄清楚。不知今后新版的《顾随文集》是否收录全词。

先生授课，姑且不谈其深刻的思想性及现实的教育意义，即侧重形式上，也算得一门高雅的综合艺术，其中有书法艺术、朗诵艺术、教学法艺术等等。听先生的课，用不着紧张地做笔记，只要用心听讲，便能心领神会，经久不忘，确实是一种不可多得的艺术享受，真可谓如嚼橄榄，如品清茗，如啜醇酒，如醉如痴！

回忆顾随先生*

孙振笃

一

十卷本《顾随全集》出版面世了。与2000年出版的四卷本相比，篇目增添了不少，内容更加丰富了，可以全面展示先师顾随作为词人、教授和学者集于一身的全貌。它的出版，对领略先师的才情和风采，对弘扬祖国的传统文化，都有极高的价值和意义。而要学习先师，正如叶嘉莹女士所希望的那样，就是要摈弃以知识为商品的浅薄的观念，而以积学深思的态度去研读，才能真有体悟，受益无穷。因为叶先生深知先师的作品大多是“源于知识却超越于知识以上的一种心灵与智慧和修养的升华”，只有排除尘垢而以敬慕之心和积学深思的态度去研读先师之作，才能真正读懂先师的精妙之文而尽得其中三昧。

二

先师顾随的一生，执教并从事文学创作和学术研究。他在青年时代就以《无病词》《味辛词》奠定了他在词坛的地位，继而又

* 此系作者2014年6月20日在《顾随全集》首发式暨清河县顾随研究会成立大会上的讲话，经本人整理成文。

有《荒原词》《留春词》等问世，由此名声大震，成为无人不知、无人不晓的词人。但是自先生故去之后的几十年来，却几乎被人遗忘了；而先生的诸多弟子已是享誉海内外的专家学者，如叶嘉莹、周汝昌、黄宗江、吴小如、郭预衡、史树青、邓云乡、颜一烟、杨敏如等。可以说顾随实乃教授之教授，博导之博导，大师之大师，正如叶企孙是李政道、钱学森、钱三强的老师那样，是大师的大师。

三

20 世纪 50 年代中后期（1955—1959），我在天津师大中文系学习，愧拜先师门下，忝列门墙。

我与顾老先生个别接触不多，原因有二：一是先生是名教授，而自己学识浅薄，望而生畏；二是那时候接连掀起“反胡风”、反右、“大跃进”“反右倾”等政治运动，老知识分子处境艰辛，青年学生对其敬而远之。在四年读书生涯中，除了听先生讲《阿 Q 正传》和《毛主席诗词》之外，只记得仅有两次个别接触。一次是在离先生寓所不远的一个会议室里，学生代表给任课的诸位先生送“西瓜”（纸糊的西瓜，内装学生给任课先生的书面意见）。我作为学生代表之一，坐在顾老左后方。他扭头问我姓名、籍贯，是哪个年级的，我一一做了回答。略过片刻，他说：“你的故乡邳睢县，是不是古称下邳?”我说：“是。”他说《三国演义》写曹操采纳郭嘉之计，水淹下邳，俘获吕布，将其缢死于白门楼。我说下邳古迹很多，还有黄石公三令张良拾履的圯桥。先生不假思索地说：“那是《史记·留侯世家》的记载。黄石公赠予张良《太公兵法》，成就了他后来的事业。”听了先生的一番话，我惊愕不已，自此更加敬佩先生博古通今、博闻强记的学识和本领。再一次是在天津马场道校园和平楼走廊，偶与先生相遇。那时我正读《离骚》，看先生似乎在悠闲散步，便不揣冒昧，鞠躬请教《离骚》中“兮”的用法，并请他讲解“余既滋兰之九畹兮，又树蕙之百亩”。先生说，“兮”是《离骚》中常用的语气词，有助于抒情；“滋”，莳也，是培植和栽种的意思；“畹”，古称“十二亩曰畹”，“九畹”，言其多也；屈原用广种兰花和蕙草，暗喻培养很多具有美德和才能的英才。先生精到的讲解，让我茅塞顿开，由此引导我精读《离骚》，深刻理解这部饱含崇高理想和炽热爱国主义情感的浪漫主义杰作，受益终生。

四

先生学识渊泓，是位卓然独立的诗词名家，又是桃李满天下的著名教授。我曾在一篇散文中描述过先生的外貌和讲坛上的风采。

20 世纪 50 年代中期的先生，大约五十五岁左右，冬天身着中式长袍，头戴高高的绒帽，手拄文明棍；漫长脸，稍瘦，短须，鼻梁上架一副黑边眼镜，黑白相间的头发向后梳理着。

有一天，先生冒着严寒，在雪花飞舞中，由助教陪同走进和平楼走廊。助教帮他掸去衣帽上的雪花，在一片掌声中走进我们的教室。

先生不带教材，也不带讲义，全凭自己渊博的学识、惊人的记忆、独到的见解和有声有色、幽默风趣的语言，给我们讲鲁迅先生的不朽之作——《阿 Q 正传》。他不但把作品的思想性、艺术性分析得透彻精辟，而且以极其生动的语言和逼真的动作，把阿 Q 的精神胜利法表现得活灵活现、幽默生动、妙趣横生，使教室内外的听众，不时发出会心的笑声和热烈的掌声。他的讲演，征服了听众，令学生们为之倾倒。

先生的讲演，非常投入，往往讲着讲着，解下围巾，摘下帽子；讲着讲着，脱下长袍，挥起手杖；讲着讲着，脱下中式棉袄，只穿毛衣……越讲越投入，越讲越精神，越讲越精彩！

先生讲演，教室里坐着的、蹲着的、两厢站立的，教室门口围着的、窗口趴着的、站在远处踮脚伸脖子的，都在全神贯注地聆听先生的讲演。此情此景，诚如周汝昌先生所言："先生的讲授，能使聆者凝神动容，屏息忘世，随先生之声容笑貌而忽悲忽喜，忽思忽悟，难以言语状其出神入化之奇趣与高致。"听顾先生讲课，是一种享受，一种福缘，一种灵性升华，一种百感交集。我心目中先生讲课的风采，一如周先生所言，至今言犹在耳，历历在目。

绵绵师情自萦怀*

——忆我的老师顾随先生

张清华

大约在1984年，我去巩县参加杜甫讨论会，其间我们找了一辆面包车去北魏石窟考察，叶嘉莹教授走来问我：可不可以乘车同我们一块去。其实，我已知是她，只是我性不呼熟，未主动向她打招呼。我请她一块上车，且先给她安排了座位，我就坐在她身旁。一路上谈了不少情况，她问我是哪个学校毕业的，我回答："天津师范大学。"一说是天津师大毕业，叶先生面带微笑问我："那你知道不知道顾随先生?"我看着她说："顾先生是我的老师，先生的小女儿之京是我的同班同学。"叶先生紧接着说："啊！那我们是同门啰!"说到这里因想起我的老师顾随先生在我们临毕业时不幸去世，心里颇觉酸楚。

从1956年我考入师大中文系，四年的大学学习期间，同班近二百人，与先生来往最多的恐怕莫过于我。刚入校不久，我被安排在中文系办的《青年文艺》编辑部做编务工作。那年正是鲁迅先生逝世二十周年，系里以《青年文艺》编辑部名义并由编辑部组织了"鲁迅先生逝世二十周年纪念"有奖征文，还出了专辑，举办了纪念会。会上请顾先生做了纪念鲁迅先生的专题报告。这

---

* 选自《顾随和他的世界》。

是我真正与顾老接触的开始。他那时刚刚六十岁，但因病魔作祟，身体羸弱，穿戴实多，但精神却好。会场在和平楼下的大阶梯教室。当几位高年级的同学搀扶着先生走下台阶登上讲台后，先生先放下手杖，摘去帽子，脱去大衣长袍，剩下上身穿的黑色绸子小袄，一句话未说，拿起一支粉笔，回头在大黑板上写下了《木兰花慢》词："去来三十载，所爱读，大文章。有鲁迅先生，先之《呐喊》，继以《彷徨》。悠扬傍河《社戏》，驾乌篷萧索望家乡。……"全词仅百零一字，把鲁迅先生的著作与事迹全都概括进去了。别说词的内容，只就先生那骨力刚健、流畅精美的粉笔字，就足以使我崇敬。写完之后，先以抑扬顿挫的声调朗诵了一遍，可并未解释。其实，以先生高超的朗诵艺术，真可谓一诵皆明，且能以特殊的感情感染听众。这使我想起天津师大的招生简章上何以印上先生的大照片，而人们传当初先生在北平高校执教时何以轰动北平教坛，他朗诵《阿Q正传》小说何以备受欢迎了。接着先生以《阿Q的精神文明及精神胜利法》为题做了长篇演说。会后，先生还用毛笔写成稿子，让刊登在《青年文艺》"鲁迅先生逝世二十周年专辑"上。因为先生的手稿是用行草写成的，学兄们让我从先生的书斋里取回，并用方格纸誊清后刻印。我虽然喜欢书法，有个别草字也认不清，所以，誊抄后把先生的手稿送回，并请先生做审阅补正。这就是我最早接触并承受先生教诲的开始。因为去过先生那里几次，也就熟了。此后，凡先生有给《青年文艺》的稿子，或《青年文艺》有事请教先生的，多半叫我去。先生的手稿也由我誊写，如先生的《风栖梧》（西出阳关迷望眼）、《鹧鸪天·欢送下乡参加劳动生产同志》等。先生的书法艺术实属罕见，其风格刚柔相济，峻秀融汇，实属功力深、才气足而又结合为一体者。所以，1957 年的下半年开始，我们又特地请先生题了《青年文艺》的刊名，后来刊物一直用先生的题名。

一年级时，班里选我当文学概论的课代表，二年级开始学中国古代文学又让我当课代表。大抵是因为课代表领发讲义数页子麻烦，借书、分书、管理事多又得担责任，别人不愿干，顾先生给我们年级开古代文学批评课时，又推选我兼做这门课的课代表。做课代表麻烦是麻烦，但因当时主讲教师多无助教，课前课后需要课代表与先生联系：送讲稿、领讲义、安排辅导、开借参考书、复习考试、交发作业等，事情不少，因此，与顾先生接触得更多了。恰在三年级时，顾先生的小女儿之京从北京师院转回天津师大，我们又同是一个小班，日后中文系搬到八里台、六里台分校时，距原来的本院马场道先生的住处远，有事情需要与先生联系，之京便给予帮助。四年级时顾先生又给我们开了毛泽东诗词课，也是我的课代表。记得那已是 1960 年的上半年，先生病势已趋危重，时而虚烧，可还坚持给我们二百人的大班上课。那时条件差，无扩音设备，全靠先生一副嗓子。可先生那一字一语的朗读讲解，无不清清楚楚地送到学生的耳里。先生讲解之清晰，分析之深刻，真可让人领略毛主席诗词艺术的真髓。先生朗读之绘形绘色，有滋有味，真能传神移情。不要说主席诗词如《蝶恋花・答李淑一》，只就先生顺便举例朗读的陆游八十一岁时写的《十二月二日夜梦游沈氏园亭二首》之二“城南小陌又逢春，只见梅花不见人。玉骨久成泉下土，墨痕犹锁壁间尘”，真能把放翁至老怀念唐婉的深情传递给学生。先生读到“只见梅花——不见人”，“花”字拖音放开，谓之“纵”；“不见”二字收紧，谓之“擒”。听着听着就使我随着先生的声音流下了眼泪。仅就先生读这一遍，不但使我懂得这首小诗的意思，而且至今四十年不忘。所以，先生说朗读要字字理解，方能有擒有纵，于顿挫中表真意，于抑扬里出真情。先生于病中不但不缺课，讲义也都按时印发。回忆所学的讲义里，我最珍爱的就是顾先生的《毛泽东诗词》与另一位先生的《文学概论》。此后，我一位同窗十年的好友要学毛主席诗词，我把它作为珍贵礼物送给这位挚友。我不知之京师姊保存未保存先生生前的最后文稿，但我觉得《毛泽东诗词》讲义，恐怕就是先生的绝笔了。

先生讲课旁征博引，容量大，有见地，厘析深透。顾先生讲毛泽东诗词不是就事论事，从他常征引李、杜、苏、辛的诗词中，不但能使学生实际体会到毛泽东诗词之所以达到当代诗词艺术的高峰，正是因为他全面继承与融会了中华传统诗词的精髓；而且，又能使我们加深过去学过的中国古代文学，特别是那些代领风骚的大诗人作品的领会，而达到升华。先生对教学有着特殊的责任感，对学生有着特殊的感情。他带病给我们上课，且一登讲坛，便精神振奋，好像他什么病也没有，精力之充沛如在壮岁。一次举杜甫的诗，当朗读到“拔剑饮杯长”时，还一手执拐杖，一手端起我给先生喝水的大瓷缸，颤颤巍巍地比试，真如一位威武的演员。先生讲起课来，达到忘我的程度，一次先生讲得正有兴致时，突然大喊一声：“顾之京。”我们以为出了什么事情，把大家都镇住了。愣了一下后，我悄悄上前问先生：“有事吗？”先生才小声说：“叫之京把表拿过来。”才使我恍然大悟：先生的精彩讲解使我们听之如痴，而先生的兴奋又使他忘记在上课，还得按时下课，为不误下节别位先生的上课，才想起看表。

先生中年虽然曾说过他将“断断乎不为小词”，而“立志将专力于剧曲之创作”，但先生词学功力最深，尤其是对苏辛词的研究。先生除了课堂上常举苏辛词外，有时我去先生家，他也常在书斋解读苏辛词，偶尔也给我讲讲。在讲到苏辛词的创作时，先生说：苏辛两家无疑是宋词的高峰，雄视该代，气派都很大，可就是往往虎头蛇尾，结句就像皮球撒了气一样，给人以衰煞之感。还举苏轼《念奴娇·赤壁怀古》“人生如梦，一樽还酹江月”和辛稼轩《破阵子·为陈同甫赋壮词以寄之》“了却君王天下事，赢得生前身后名，可怜白发生”，指出这当然与他们的遭遇与思想有关，但总觉全词统体不配；更难如岳飞的《满江红》（怒发冲冠）“……待从头收拾旧山河，朝天阙”。在讲到苏辛词的风格时，先生说：苏词是寓雄放不羁之气势，破北宋前期词之婉约，而创豪放词之体格；辛词不同，他是寓雄放不羁之气势于婉约词格之中，而独创风格为辛体，不能以豪放或婉约概之，他半生戎马，被解职仍不忘恢复，闲居上饶山中，梦中仍“老合投闲，天教多事，检校长身十万松”（《沁园春》），点兵马以成词，真可谓“以剑笔写文章”。“以剑笔写文章”，可谓一语破的，道出了辛词风格产生的契机。试想，在诗词大家中，有谁能以此语概之。我常想以先生此语写一篇论辛词风格的论文，奈功力不足，又忙于他务而终未成。我除在课堂上学的辛词之外，读得不多，可是自先生这么一讲，又送我1933年辛社校印的《稼轩长短句》十二卷及补遗一卷后，才读得多了，也喜欢上了辛词。

与此认识有关，先生讲到他词的创作时，曾说：我人体弱多病，常感气码不足，又怕填词时虎头蛇尾，所以，我的词常常是倒着填，即由结句填起。作词倒填，别的词家恐也偶有为之者，但这样了解自己，又能避开自己的弱点，有意识地这样做，恐怕只有顾随先生。我读历代词话还未曾发现谁讲过这样的写作经验。

先生的词艺水平极高，可谓现代词史上之大家。我不想全面评说先生的词作，只说先生的词在新中国建立前因多抒对国事的悲慨和寄怀，对衰病之身的自叹和担荷，如其诗《留愁》“我生多忧患，心情常不好。揽镜窥颜面，忽惊颜将槁。……吾愁虽暂消，吾心几不保。从兹不驱愁，愿供愁偕老”那样，而所填词的结语往往流露出一种衰煞之气；如《破阵子》中“孤愤一弹双泪堕，不和南风解愠章。先生敢自伤”，《临江仙》里“今宵明月好，休去倚阑干”，《踏莎行》里“崦嵫无地落斜阳，鸿濛一寸诗心古”，《南歌子》里“二十年前我，已是衰翁”。新中国建立之后，先生词为之一变，他却能以多病之身投入新中国的教育事业，讴歌那层出不穷的新鲜事物，表现他在新时期积极担荷的精神。如发表在《青年文艺》上的《鹧鸪天》“唐代王维、孟浩然，擅名诗作写田园。高风千古陶元亮，带月荷锄陇亩间。当世事，异从前。更新思想复支援。试看集体农民力，土变黄金、水上山”是写“欢送下乡参加劳动生产同志”；《凤栖梧》“西出阳关迷望眼，衰草粘天，山共斜阳乱。一曲《渭城》多少怨？歌声三叠，肠千断。风景非殊时代变，山要低头，人要埋头干。千里龙沙金不换，石油城在盐湖畔”，都是歌颂新事物的。这两首词不是先生词里的代表，也未公开在正式出版的报刊上发表，但有两点是显而易见的：

一是思想内容新，表现了先生对新中国的满腔热情；二是语言艺术的新变，表现了先生晚年的创造精神，更没有过去词中那种衰煞之气。为什么是这样，除了先生思想感情的新变外，在写作上，先生也有他特殊的创造，那就是上文说的“倒填”。先生虽然是著名的老一辈学者，却很注意虚心地向群众学习，尤其是语言。有一次他填了一首歌颂炼钢的词，其中有“二十丈高马丁炉”一语，炼钢工人读了以后，写信给先生说：“马丁炉”为高炉，是炼铁的，炼钢用的是平炉。先生不但虚心接受了工人同志的批评，还表示感谢，并深有感慨地说：“就是得有真正的实践，哪怕是走马观花下去看看也好。”

先生离我们而去已经四十年了，可他的音容笑貌，老而不衰的风采，仍历历在目；而这四十年仿佛就在昨天一样。平时，为记挂先生，我常拿先生的著作翻读，尤其是先生的手迹，真能如有磁力一样吸引着我。在先生离开我们四十年后看到先生全集的出版，使我由衷地高兴。这要特别感谢之京师姊的辛勤搜集、整理、核校，也当感谢那些支持这一工作的先生特别是叶嘉莹教授和河北教育出版社的胆识。顾先生在九泉之下也当含笑矣！

1999 年 8 月 7 日于郑州乐耕斋

顾随先生谈戏*

刘 琦

20世纪前期，一些著名文化人对京剧持否定和批判态度。正如翁偶虹先生所说："当时的文坛之上，衮衮诸贤，视京剧如草芥，对京剧不屑一提……"新中国成立后的一个时期内，则有一顶"封建艺术"的帽子时隐时现地加之于京剧。所以在我印象中，那些著名学者教授，即使是人文学科的专家，谈论和赞扬京剧的也不多。不过，顾随先生却是例外。

在我上大学中文系的几年中，从未听到哪位老师在讲课中提及京剧，顾随先生则有不同。据叶嘉莹40年代听课笔记整理成文的顾随先生《论杜甫七绝》中，有这样的话："老杜诗真是气象万千，不但伟大而且崇高。譬如唱戏，欢喜中有凄凉，凄凉中有安慰，情感复杂，不易表演……"（见《顾随：诗文丛论》第19页）这就是很深刻的见解。梅兰芳演《霸王别姬》的虞姬、《生死恨》的韩玉娘，马连良演《赵氏孤儿》的程婴，裘盛戎演《姚期》的姚期，就都是在表演这种"情感复杂"中而见精妙。顾随先生谈及演戏的观点入木三分，确能给人启迪。此外，根据顾随先生讲课记录整理而成的《驼庵诗话》续编中，还记下了他对京剧谭派创始人谭鑫培的评论。他说："想之极，不见之见，是为真见，是

---

* 原载2007年12月3日《天津老年时报》，略作删节。

'心眼'之见，肉眼之见不真切。如听谭叫天（即谭鑫培）唱《碰碑》，一唱令人如见塞外黄沙，此乃用心眼见。”梅兰芳、余叔岩这些京剧大师级的人物对谭鑫培演《碰碑》也都有类似的评论，足见顾先生对京剧的鉴赏是很高明的，不愧为京剧知音。

我于1959年考入当时的天津师范大学（后更名河北大学）中文系。顾随先生正在这所大学任教，即住马场道校区（今之外语学院）宿舍。中文系则在六里台校区。当时顾随先生主要是做研究和写作，好像已不担任一般的课程，所以我们年级入学多日也并未在六里台校园内看到过这位名教授的身影。只记得有一次学校开学术研讨会，顾随先生也写了论文，文章题目是《曹操乐府诗初探》。文章在《天津师范大学学报》发表后，有些同学便争相阅读、学习。我当时真希望能早日见到顾随先生，后来这个愿望终于实现了。大约就是1959年的冬季吧，我们年级搞了一次很隆重的文学朗诵活动。我记得还特意从校外请来了当时还很年轻的关山做朗诵示范。他不仅声音清扬悦耳，朗诵得也好。为了培养同学们的文学艺术修养，在这次朗诵活动中，还特请顾随先生到班上来讲话。那是一个冬天的夜晚，在六里台校区右侧那座带走廊和木头楼梯的二层楼的楼上的大教室中，我们年级一百多个同学安静而欢快地等待着顾老的到来。也许是因为心情好，我觉得那天教室里显得格外明亮和温暖。在系领导的陪同下，德高望重的顾随先生走进来了。他高高的身材，头戴皮帽，身穿厚厚的深色长大衣，给我的第一印象是高大而魁梧。他脱去大衣后，里面穿的是一件中式皮袍（也可能是棉袍），这时我才发现，原来这位老先生高而瘦，并不魁梧。顾随先生讲话的主题是文学朗诵，是漫谈式的讲法，使我始料不及的是顾老在谈诗论文中间居然还讲到了京剧。

顾随先生话锋转到京剧时，情绪也更加兴奋。这时他大概因为长时间的讲话，身上感觉有些热，于是又脱去了长衣服，露出了穿在里面的中式对襟黑色短薄棉袄。这时我才发现老先生不只是高而瘦，而且是身体很弱的样子。（顾随先生逝世后，高熙曾教授曾在《新港》文学月刊发表《悼顾随师》一文，文中即谈到长期的书斋生活使得顾先生腰酸脚软，健康受损。）不过，顾老在讲话时的精气神却不弱，他略带乡音的语调则铿锵有力。我想在顾老精神饱满的讲话中是饱含着对中华优秀传统文化的热爱，以及对青年学子的关爱的。他在讲话中强调艺术中的朗诵、念白不能是照抄实际生活中的说话，在语词、语调、声音、节奏感、逻辑重音等方面都应有着一定的必要的艺术的安排。他认为早年京剧名丑王长林的念白就颇见艺术的匠心。他举的例子是王长林饰演《打渔杀家》一剧的教师爷的念白。老英雄萧恩问教师爷为何而来时，教师爷答以催讨渔税。王长林所念的词句是："请安来啦，问好来啦，催讨渔税银子的来啦！"顾老说王长林不是一般化地念出来，而是把"银子"的"子"字咬住不放，为了强调这个"子"字，不仅用音较长，还略带颤音，然后用一种脆劲，快速地把"子"字后面的"的"字弹出来。这样念的好处是能使人感到响亮、俏皮、突出，也合乎这个无赖式人物应有的神气。我记得当时顾随先生还站起来，提高了调门，仿照王长林的念法念了这句白。这给我印象很深，并使我第一次认识到京剧的念白，即使是京白，其中也有很多讲究，尤其是那些在观众中激起强烈反响的念白，更是蕴涵丰厚，值得玩味。后来有人演《打渔杀家》的教师爷，念上述那句白口时，删去“的”字，把重音也由“子”字移到“银”字，生活化倒是生活化了，然而却变得平淡无奇，韵味全无。这也证明顾随先生当年举这个例子不仅仅是赞扬王长林，更主要的是为了说明艺术必须比生活更美的道理。

除了这次聆听顾先生的讲话以外，我还在建设路的“人民礼堂”听过一次顾先生关于现代文学的学术讲座。我亲眼见到顾随先生仅此两次而已。不过，我毕竟瞻仰到了这位前辈老先生的风采，领略到了他的渊博，并感到这是自己青年时期的一个幸运的经历。

旁听受业

我们的顾随先生*

刘乃和

我虽然不是顾随先生班上的学生，但在读本科时，常去听他的课。他是中文系的老师，我就读于历史系，当时我们都可以选择自己爱听的课去旁听。顾先生讲课特别受欢迎，用梨园行的话说叫“叫座儿”。他的课有不少外系同学旁听，常常是座无虚席。

他是清河人，当时有“清河才子”之称。我们陈垣校长常以能为中文系请到“清河才子”顾随教课而感到非常满意。

顾先生长于诗、词、曲、书法，学问高深。还值得提出的，就是他能发现人才，认识人才。他对学生水平了解很深，通过作业掌握了学生的程度。很多学生就是由他加意指点方成才成家的。

为纪念顾先生百年诞辰，我写了一幅七绝条幅：

词曲诗书世所称，清河才子更峥嵘。
讲坛课室惊四座，慧眼深知识俊英。

我两个弟弟乃中、乃崇，都在北师大中文系毕业，都是顾先生的学生。乃崇弟有事，让我将他当年听顾先生“词选”课的几

---

* 本文系为纪念顾随先生百年诞辰而作，选自《顾随先生百年诞辰纪念文集》，有删节。

份习作带来，都有顾先生的批改，有一张上面还有先生的亲笔签名，弥足珍贵。

他还写了一幅篆字条幅，我也带来：

犹记当年受业时，谆谆教我一无私。我是驽骀实不敏，步迟迟。　色舞眉飞谈好戏，评头论足赞英须。得此终生深获益，赏宗师。

羡季师五十年前教我《词选》，今存当时试卷，有师批改评语，诚可宝也。师讲课，生动异常，每谈及“国剧宗师”杨小楼，则兴致盎然，崇半生干戏，得益于此，未敢忘焉。欣逢吾师百年诞辰纪念会举行，乃诌词以贺。调寄《摊破浣溪沙》。丁丑初夏，受业刘乃崇。

如此种种，实乃出自“吾敬吾师”之情。

忆爱国诗人顾随的两件小事*

王辅世

1941年春，我在政治系学习。我的中学同班同学殷维戊在哲学系学习。殷对顾随先生的诗词讲座饶有兴趣，时常去旁听顾先生的课。有一天他拉我一同去穆楼旁听顾先生的课。那一天顾先生讲他新作的一首《临江仙》。我当时记在笔记本上，课后时时背诵，现在还能记得，原词如下：

记向深宵融蜡，精心肖作伊人。灯前流盼欲相亲。玉肌凉有韵，宝靥笑生痕。　　不耐朱明烈日，炎炎消尽真真。也思重试貌前身。几番终不似，放手泪沾巾。

注："向"，作从前讲。"真真"，神画上的美女，见《闻奇录》。

顾先生作这首《临江仙》时，把自己比作一个捏蜡人的。词的大意是：他记得从前有一天深夜把蜡融软，细心地捏了一个美人，这个美人在灯前面对欣赏她的人含情脉脉流露出要相亲近的眼神，她的如玉的肌肤凉而有韵，面颊上笑出酒窝儿。这个美人不耐热日的照射，很热的阳光把她融化了，他想要重新捏一个和以前捏

* 选自《同窗燕园——（40学号同学）入学五十周年纪念刊》。

的那个美人一样的美人，捏了几次，捏出来的美人总不像以前捏的那个美人。他把蜡丢在一边，号啕痛哭，眼泪弄湿了手帕。

顾先生说他在七七事变以前写了许多首诗词。那时文思敏捷，得心应手，信笔写来，都成佳作。七七事变以后，大半个中国在很短的时间内被日本帝国主义占领。他在沦陷的北平，亲眼看到凶残日寇镇压中国人民，无耻汉奸助纣为虐欺侮自己的同胞，所以他的心情郁悒，文思锐减，再也写不出好的诗词来了。顾先生这首《临江仙》正是说明他的情况。他以蜡人譬况诗词，把自己比作捏蜡人的工匠。巧妙的是他把朱明烈日影射日本帝国主义，收到双关的效果。1941 年的北平在日伪政权统治之下，爱国人士随时有遭到逮捕残害的危险。顾先生竟敢在课堂里表述自己的爱国热忱，不畏日寇迫害，真是令人钦敬。

1949 年春，北平和平解放。当时顾先生在辅仁大学任教，我在辅大人类学研究所学习。学校规定学生和教员一同参加政治学习，我和顾先生在同一学习小组。有一次在学习会休息的时间，顾先生和我一同站在面向定阜大街的窗前。顾先生看到步伐整齐的人民解放军在马路上行走，顾先生对我说：“人民的力量真伟大呀！小米加步枪做武器的八路军、新四军居然把拥有现代武器的八百万蒋家王朝的军队打败，关键在于八路军、新四军是人民的军队，而蒋家王朝的军队是反人民的军队。自古迄今，得民心者昌，失民心者亡。人民的力量就是伟大！”

由以上这两件小事，可以看出顾随先生是一位热爱人民的诗人。

回忆顾随先生*

吴小如

顾随（羡季）先生40年代在辅仁大学和中国大学执教时，我曾去旁听过他的课，那时他还不认识我。抗日战争胜利后，经刘叶秋先生介绍，我同羡老逐渐熟了起来，但毕竟算不上是他的及门弟子。1947、1948两年，我常到南官坊口羡老寓所去拜访他。他很健谈，我一去总不愿让我走。因为我们的话题很多，从唐诗、宋词、元曲、明清小说可以一直谈到杨小楼。1948年我业余为一家报纸编文学副刊，上面曾发表过羡老的两篇文章，一篇是《谈〈小五义〉》，另一篇大约是《谈〈说岳全传〉》。1982年，加拿大叶嘉莹教授决定整理羡老遗著出版，据说只找到一篇《谈〈小五义〉》，我不知道后来另一篇文章究竟是否找到了。

我自1951年即调来北京工作，而羡老不久却到了天津河北大学，因此反而不常见面。记得最后一次，是在50年代中期的一个暑假里，我回天津时到河大教工宿舍看望过羡老，后来就再没有机会向他请教了。及羡老病逝，他的弟子高熙曾、孙铮（正刚）等同志向我征集羡老遗墨，我就把羡老新中国成立前后好几年里面亲笔写给我的若干封长信扫数寄赠给他们，只留下一个信封做纪念。后来连这个信封也在“文化大革命”中失掉了。70年代

---

* 选自《书廊信步》（吴小如著，辽宁教育出版社1995年10月出版）。

初，熙曾同志还未病重时，我曾向他打听过羡老的这批遗稿；他说仍存在百花文艺出版社，但不敢去要。及至叶嘉莹教授回国，多次寻访此稿，出版社说早已退回。而这时熙曾、正刚先后逝世，已无从追询遗稿下落。所以到1982年，我们几个熟人（由嘉莹召集，请到周汝昌、郭预衡、杨敏如诸先生）晤聚时，这份遗稿究在何处，竟成为难解之谜。及今思之，犹深感遗憾。

当熙曾、正刚两位搜集、整理羡老遗作时，正刚曾来信打听羡老某些诗稿的下落，因为有些诗的题目（这些诗题不知他们是如何发现的）涉及我的名字（如“久不见少若……”之类）。这些诗，虽然羡老从未寄给我，却能说明羡老生前对我是有感情的。羡老的诗词我拜读的不多，印象最深的是1947年他写的四首七律，曾在报纸上发表。从1947年到1948年，先父和我对这四首诗皆有和章，我还把拙作寄给了羡老。羡老的这四首诗当可从旧报纸的副刊上觅得，先父的和诗在他身后也已发现。只有拙作，仅记起中间两首。现在录此存参：

时晦鸡鸣巷陌骚，鼎成攀恋堕乌号。
漫夸醉客延醒客，依旧官曹似马曹。
腥雨蛮风身去住，清流浊世论卑高。
书生不与封侯事，独向人间惜羽毛。

钧天乐奏焕龙章，列号真人众所望。
始信枢衡专少府，争料道统属庚桑。
仙山失路秦棺朽，冶女士诡郑袖强。
太息红尘缠欲界，露华虽重奈骄阳。

前一首是说抗战胜利后国民党“劫”收大员在政治上的许多腐败使自己不免牢骚愤慨；后一首主要是讽刺蒋政权伪国大竞选时的丑剧，结果出乎蒋介石预料，李宗仁先生竟然当选为副总统，末句以露水不久即会被太阳晒干为喻，暗示反动政权不会维持太长久了。

前年我写了一篇回忆小文，说明羡老为我讲解稼轩词的经过，被周一良先生见到了。一良先生随即写给我一封信：“近读《学林漫录》，知我兄为叶教授搜集羡季师遗作，是大好事。我藏有《苦水作剧三种》一册，不识已入览否？又我们结婚时，顾师曾赠一联：臣曰期期扶汉祚；将称艾艾渡阴平。将来集中如有联语一门，亦可供采摭也。”

这副喜联上句用《汉书》周昌所说“臣期期不奉诏”一语的典故；下句则用邓艾事，见《世说新语·言语》。周昌、邓艾都因口吃，史臣遂以重言记其语。而一良先生的夫人为邓懿同志，一周一邓，十分巧合，故羡老用以属对。至《苦水作剧三种》，已为嘉莹教授收入羡老遗集。而此联则除一良先生外，他人无从知道。理应表而出之，想荷一良先生同意也。

缅怀顾羡季（随）先生*

吴小如

远在20世纪40年代，那是抗日战争胜利前后（1944年秋至1945年冬），由亡友高庆琳兄领着我，分头到当时的辅仁大学和中国大学去“偷听”诸多名教授讲课。而我最感兴趣的是听俞平伯先生和顾羡季先生讲古典诗词。后来因亡友刘叶秋先生绍介，曾到厂桥附近的南官坊口羡老寓所专诚拜谒，从此得识荆州。羡老为人谦和诚挚，奖掖后进不遗余力，对我从不以晚辈相待，而视之为忘年小友。我自然不敢妄自攀附，故始终未列羡老门墙。但在1949年我迈出北大校门到天津教书时为止，却经常是羡老座上客。每亲謦欬，获益良多。1951年秋我重来北京入燕京大学任助教，正赶上“三反”“五反”深入开展，接着又是“忠诚老实运动”。当时各高校教师无分老、中、青，几乎要人人“过关”。因此我再无余暇和勇气进城探望师友，与羡老自然更缺少亲近机会。未几院系调整，燕京、辅仁两所大学分别合并到北大和北师大。羡老则受河北大学聘（河大前身为津沽大学，我于1949年至1951年在那儿教了两年书），去了天津。最初每逢我回津探亲，还到河大宿舍看望过羡老。1957年“反右”以后，舍弟亦被“加冕”，我因心存戒惧，绝少与人往来。于是同羡老之间的师友情谊，可

---

* 选自《中国书画》2003年第四期。

以借用两句古人的词来形容："从此隔音尘"，"相见更无因"。

自"文革"结束后，我曾写过几篇回忆羡老的短文，以示对长者的怀念。遗憾的是，我所珍藏的羡老寄我的若干封长函，在"文革"前即被高熙曾、孙正刚两位扫数征集了去，手头早无只字片纸。故最近《中国书画》杂志向我索稿，我实无词以对。

就在此时，"柳暗花明又一村"，竟从老友周汝昌先生处喜获羡老当年的诗稿手迹。周先生把它寄给羡老的女公子之京先生，又由《中国书画》的冯令刚先生把复印件转到我手中。其中有几首诗竟提到了我。捧读之下，由衷感动。原来五十年前，尽管我没有趋谒羡老，而长者竟时时想着我这个后生小子。这种知遇的深恩厚谊，简直无法用言语来表达描述。羡老的诗是赠我和孙正刚两人的，不知何故，正刚当时并未转给我看。这么多年我竟一无所知。倘非汝昌先生存此手迹，我纵有愧疚之情亦无从倾诉，更不能以"不知者不怪罪"的理由来推托。今将羡老遗作中几首涉及我的诗摘录出来，并略加诠释，聊表我对羡老的感激和怀念之情。异日倘得见羡老于泉下，庶不致赧颜汗下了。诗前后凡六首，前有题云：

> 久未见少若、正刚二君，连日得小诗数首，不复铨次，即写奉焉。（十月十二日、十三日）

小如按："少若"是当时我常用的笔名。羡老每赐函札，皆以此名呼之。从日期看，当作于 1952 年。因这组诗中有涉及汝昌先生处。而周先生自 1952 年暑假从燕大研究院毕业后，即到成都工作。羡老诗中有“川西更有射鱼人”之句，并自注云：“兼寄玉言（汝昌先生字玉言）锦城。玉言尝自署射鱼村人。”故知为1952年也。其中第一、第四、第五首皆提到笔者，谨依次录出：

昆山玉复桂林枝，少若才华大类之。
青眼高歌竟谁是，乌纱想见进宫时。

（“青眼高歌”，袭杜语而变其意，江西社中人常用此法。少若尝与孙正刚合演京剧《二进宫》，故末句及之。）

小如按：1951年我到燕大教书，时孙正刚主持教职员工会工作，成立业余京剧社，为抗美援朝曾举行一次义演。由我承乏演出《大保国・探皇陵・二进宫》，我扮杨波一人到底，正刚只演《进宫》一折，扮徐彦昭。故羡老言及。第四首诗前另有题云：“再寄少若。”诗云：

青莲醉写吓蛮表，顾曲当年见若人。
少若何妨歌一遍，宫花颤上软唐巾。

（卅余年前尚在北大读书，曾于第一舞台见高子君爨《金马门》，恨其无书卷气，焉得少若一演之？）

小如按：高子君，即著名老生“三大贤”之一高庆奎。高字子君。“爨”，宋元杂剧专用语，即“演出”之意，以笔画过繁，今用以“串”字代之。第五首云：

委地珠玑散不收，两君才调信无俦（难酬）。

万言倚马等闲事，贫道更烦相打油。

（乞二君和作。“相”者，《礼记》“相舂”义，“相”与“和”意近，又舂用杵，疑相字从木所由来也。）

小如按：“两君”指我和孙正刚。《礼记》《曲礼》与《檀弓》两篇，皆有“邻有丧，舂不相”之语。“相”之义，即劳动者在舂米时彼此相应和之声，如扛大木者之邪许声。故羡老释为与“唱和”之“和”意近（“相”与“和”皆读去声）。“贫道”，羡老自谓，谐语兼谦辞。“打油”指打油诗，亦羡老自谦之词。末句盖谓拟烦正刚与我作诗以和羡老也。只缘昔年未读此诗，今更不敢追和矣。至于诗中对我种种溢美之词，当以提携后进之语视之。时至今日，读之犹惭汗不已。年逾八十，一事无成，深负长者之期望多矣。

最后想谈一下羡老的法书。我所见者，只有老人赐我的函札和此纸所书的诗稿。窃以为羡老法书笔力遒浑苍劲，虽出之以行草，却兼有汉魏章草与敦煌写经之长，既融会贯通，又神而化之。诗稿字迹虽甚小，且多涂改，而落笔处犹锋棱多古趣，其精光四射于不经意处时时可见，令人百观不厌。拙文之作，虽旨在对长者之怀念，实亦有凭借羡老遗墨得附于骥尾之意。故乞读者但赏羡老之法书，而遗其褒美之词，则笔者幸甚。

岁次壬午大寒节，于沪郊写讫。

只能仰望夫子　不敢忝做学生*

欧阳中石

顾随先生的胞弟顾谦六吉先生是我1943年开始的老师。因为着重的是学诗，总以羡季先生为训，所以我早已把先生尊为老师了。等我到辅仁大学读书时，先生因病已不上课，我不能在课堂上受教，所以我从未能登“堂”。

但是，我已经奉过束脩而执弟子之礼。1944年冬，六吉先生要来北京看望先生，我曾奉上小磨香油两瓶作为学生的年礼。固然因为火车太挤，挤来挤去竟被挤得两瓶油瓶口冲下，洒下人家一身，六吉先生只好暗暗把手抽回，结果香油并未送到先生面前。

六吉先生曾为先生印了一方闲章“武二乡亲”。从上街选石到起草拟样，我都随侍在侧，甚至刷洗磨平，我都曾“服其劳”。

但我到辅仁大学之后，先生因病而暂不授课，我则从郭预衡先生读，由六吉先生荐引及随徐娟学姊①至李广桥趋府受教，才得亲受面命。先生曾说：你不是没落着在“课堂”上听我讲吗，不要紧，在家里给你讲和在课堂上一样。所以我虽未登“堂”，但已入“室”。

顾随先生给我讲音韵，特别是“入声”，我对“短而促”不理

---

* 本文系为纪念顾随先生百年诞辰而作，选自《顾随先生百年诞辰纪念文集》。

① 徐娟，顾随内兄之女，欧阳中石同学。

解，先生告我：什么声的字都能念成“短而促”，所谓“促”者，是“气”之“促”也，即“气”断而不能再延长的意思。更特别给我讲起了杨小楼，您说您原来也不懂，听了杨小楼之后，豁然贯通了。您仿效着杨派武生的念法念出“夜走八百不明”，连着三个入声“八百不”，于是我才理解了这个“促”字。

有一次给我讲您自己的作剧，因为您是坐在那张双人旧沙发上，我侍立在侧，看不见您手中所拿着的书，您执意让我坐在旁边，我只好惴惴地侧坐恭听。您讲到启幕之后的连续几个叠字时，突然拍了一下我的大腿，“中石，你看我的多好啊！”这时的我，完全沉浸在了诗的化境，既如亲在剧中，又依偎在师长的膝前，真是幸福之极，特别后来每想到这里，简直幸福得不行。只是把您赐给我的单册，失于浩劫，我不能把给我讲到的那个地方重写出来了。既是得沾雨露的温慰又是辜负先生的遗恨。

您也曾给我讲过曲的写法，特别对加“衬字”的问题讲得更多一些。

我们的谈话，经常以六吉先生为话题。您夸赞您的胞弟，说他才气好，说他手巧、画好，说他器宇好，说他脱俗。我便绘声绘色地模仿起六吉先生的情况来，说到“洒人一身香油”的事，您说“他干得出来”；说到我们一起去看戏，他摔了一个跤，坐在水洼里不起来，您说“他干得出来”……说起那方“武二乡亲”的闲章，您看着我一时没话，便说：是不是想问为什么不刻“武大乡亲”？我连忙想做解释，您笑了笑说：我知道，不少人要问我这问题，不光你。其实大家都不知道，武大可是个大好人，因为一个差误，便讹传成了一个那样的武大郎了，真是冤枉！于是为我讲述起来了武大被冤的前前后后。……

有一次先生给我谈起了去曲阜教书的事，说那是北大刚毕业时和冯至先生一起，开始工作，托人推荐，到曲阜二师去教书。之所以选中山东曲阜是大有含义的，意在一定要“到孔夫子门前卖文”一下，才称得上文府翰院里挂过了“号”，不然没法到别处“领凭上任”。在曲阜教书的时期中，先生与冯至先生二位还有一个“约定”，二人的诗都不含糊，为了逊让，二位把旧体与新体分划领域，各守一体，冯先生不再写旧体，顾先生不再写新体。①当时我开了一句玩笑：二位先生加在一起，则诗坛上用不着别人了。先生一下子严肃起来：我们当时绝无此意，只是我们二人之间的戏谑而已，一点没有涉及别位方家之意，可见人们自己的一举一动，一言一笑，都会形成社会的影响啊。我听后马上和武大的事联系了起来，说“或者变成了巨星，或者变成了二尺半的矮子”，先生点着头，阴沉着脸，很有感慨地道：“不可不慎啊!”

六吉先生原工仕女，极精到，书亦大过常人，圆润恬静，字画同有娟好之雅。请其所自，每道书同“家兄”。及看到羡季先生讲稿之后，的确息息通灵。然而，于我们之间却始终未尝以“书”为话题。近几年突然得见先生法帖，只觉高山更杳，“见首不能见尾”邪。《同州圣教》《道因法师》，对书法没有研究是不能得知其深浅的，不能迈过中唐的造诣就不敢一觑其高古静雅。

对于写字，我特别敬服能临摹的先生。因为临摹人家是学问，独创是自造，当然自造容易，临摹难。临摹有标准，自造没标准。

---

① 顾随不曾在曲阜任教。1924年夏，顾随已受聘将于青岛胶澳中学任教。暑假期间，冯至尝应顾随之邀同在济南、青岛度夏，文中所记或当其时。

质言之，能临摹的一定会自造，能自造却往往不会临摹。当然能临摹又会独创了不起，但轻易遇不着，往往是只会独创而不会临摹。如顾先生，是那么了不起的大家，竟能临褚及小欧，如此精到，我由衷地敬服，因为我办不到。根本不想办到的，不办也就罢了，而想办办不到，只有敬服。尤其您从来不以“书”著，更则令人折服了。是以我觉得我和先生的感情更近了，但是对于先生的学问修养却是更远了，根本不能企及了。

人们每提到辅仁，便提到先生，我听到之后，每有一种不敢出声的骄傲。我上过一年辅仁，那里有许多有成就的学长，更有许多有威望的老师，特别是顾随先生，我虽未能登堂，但已入室。虽然我不敢忝为学生，但究竟受到过先生亲自的讲授。尽管我没有学好，但总是受过夫子之教的。所以只能说我仰望着夫子，这是真的，而做“学生”则不敢当，做个“学生”的“学生”恐怕都不合格。

仰承顾随先生的教导，时间并不长，先生离开北京之后，便没再见，但先生的音容笑貌，讲课得意时的神情动作，自己沉吟时的严正之志，我都记忆得清清楚楚，而且能模仿个惟妙惟肖，就在这一点上，我还不是“不肖”的。